Vietato dire non ce la faccio

L'Editore ringrazia la famiglia Orlando e la FISDIR per aver fornito le fotografie utilizzate all'interno del libro.

Materiali didattici per gli insegnanti su www.leggendoleggendo.it

Leggendo Leggendo

Impaginazione e redazione: Sara Storari *e* Antonella Lavorato

I Edizione 2016

Anno 2016-2017-2018 Edizione 1 2 3 4 5 6 7 8 9 10

Stampato presso ELCOGRAF S.p.A. - Stabilimento di Cles (TN)

IL BATTELLO A VAPORE

Nicole Orlando
e Alessia Cruciani

Vietato dire non ce la faccio

PIEMME

A nonna Fiorella

Non giudicare sbagliato ciò che non conosci,
cogli l'occasione per comprendere.
Pablo Picasso

È tempo che i genitori insegnino presto ai giovani
che nella diversità c'è bellezza e c'è forza.
Maya Angelou

Buon Anno!

Stasera la tavola è meravigliosa. Ci sono i fiori, le candele accese e, soprattutto, le tartine, la pasta al salmone, il brasato. E ben due torte salate, le mie preferite. Che poi a me piace proprio tutto. Soprattutto quando ho fame. E ora ne ho tanta, ecco. Ma ancora non si mangia.

Siamo a Bielmonte, in montagna. Mio nonno ha una piccola casa lì. Fuori fa freddo, c'è un po' di neve. Mentre dentro per fortuna siamo tutti al caldo. Per "tutti" intendo i miei genitori, Roberta e Giovanni, mio fratello maggiore Michel e la sua fidanzata Giada, che è accompagnata dalla mamma Vera. Mia sorella più piccola, Caroline, è rimasta a Biella con altre ragazze. Ma sono venuti due amici dei miei, Monica e Fabrizio. Stiamo ascoltando in silenzio un signore che parla in Tv. Dice parole difficili, non le capisco molto bene. A dirla tutta mi sto anche annoiando un po'.

Provo ad allungare la mano verso una tartina, ma papà se ne accorge subito. "Ferma Niki!" mi blocca con lo sguardo. Ora la mia speranza è mamma, appena uscita dalla cucina. Cerco la sua attenzione e le parlo come ha fatto papà, con lo sguardo. Mi aiuto con l'indice della mano destra: prima lo punto verso una tartina e poi lo alzo verso l'alto. Significa: "Posso prenderla? Solo una!". Lei risponde usando il suo indice. Prima lo fa oscillare un paio di volte da destra a sinistra e poi lo avvicina alla bocca. Significa: "No! E stai in silenzio". Ma se non ho parlato!

Anche mia mamma si mette a sentire quel signore in Tv. È seduto su una sedia tutto solo, senza una tavola bella come la nostra. Si vedono dei fiori rossi alle sue spalle, sono Stelle di Natale. Sbuffo. Michel si avvicina, mi accarezza la guancia, impugna il telecomando e cambia programma. Se trova un telefilm che mi piace, magari smetto di pensare alle tartine. Ma che succede? Su tutti i canali c'è sempre quel signore che parla!

– È il discorso del Presidente della Repubblica – spiega mio fratello. – Ogni anno, il 31 dicembre, invia il suo messaggio di auguri a tutti gli italiani. È importante ascoltarlo. Per questo viene trasmesso in diretta su ogni canale. Il nostro Presidente si chiama Sergio Mattarella.

Adesso ho capito qualcosa in più. Se è la persona più

importante di tutto il Paese, se è addirittura più importante dell'allenatore dell'Inter, provo ad ascoltarlo anche io.

Sta dicendo: – *L'Italia è ricca di persone e di esperienze positive. A tutte loro deve andare il nostro grazie. Sono ben rappresentate da alcune figure emblematiche. Ne cito soltanto tre: Fabiola Gianotti, che domani assumerà la direzione del Cern di Ginevra...* –. Papà mi spiega che il Cern è una cosa per supercervelloni. – *...Samantha Cristoforetti, che abbiamo seguito con affetto nello spazio...* –. E papà sussurra che è "Astrosamantha", la prima donna italiana ad andare nello Spazio. Poi il Presidente conclude: – *...Nicole Orlando, l'atleta paralimpica che ha vinto quattro medaglie d'oro...* –.

Ovviamente nessuno mi spiega chi è. Non ce n'è bisogno: Nicole Orlando sono io!

– Nicoleeeeee!!!! – gridano eccitati mamma, papà, Michel, Giada, sua mamma, Monica e Fabrizio. Mi sembrano così agitati! – Niki! Il Presidente ha fatto il tuo nome!

Resto immobile, sono strapreoccupata: – Che ho fatto? – domando con un filo di voce. – Perché quel signore parla di me alla Tv? –. Mi metterei a piangere per l'ansia.

Ma nessuno mi sgrida. Al contrario: tutti ridono increduli. Sembrano felici e sorpresi, ecco.

Prendono i telefonini: – Adesso arriveranno decine di chiamate e messaggi – avverte mamma. Poi però aggiunge:

– Il mio cellulare non ha campo –. Tutti gli altri afferrano i loro e ripetono la stessa cosa.

Per non far capire che penso solo alla cena, controllo pure il mio telefono. Anche se non so come si guarda il campo.

Mi aiuta Michel: – È senza rete anche quello di Niki.

– Allora mettiamoci a tavola – ordina mamma.

Evviva, si mangia! Buon anno, belle tartine!

Della cena non sono rimaste nemmeno le briciole, abbiamo giocato e ballato fino a tardi. Sono passate le tre di notte quando andiamo a dormire. E mi sembrano trascorsi pochi minuti quando - alle 8 del mattino - suonano al campanello di casa. Chi sarà mai a quest'ora del primo gennaio? Ci precipitiamo tutti preoccupati alla porta ancora in pigiama. Si fa avanti papà, apre lui. Sono i vigili.

– Che cosa è successo? – domanda con la voce che trema un po'. Pensa subito a qualcosa di brutto.

– Lei è Giovanni Orlando, il papà di Nicole? – lo interroga severo un tipo con la divisa.

– Sì, sono io.

– È sicuro?

– Certo che sono sicuro! Insomma, perché siete qui?

– Da ieri notte siamo tempestati di telefonate, signor Orlando. I giornalisti di tutta Italia vi stanno cercando, vogliono parlare con Nicole. Ma i vostri telefoni non sono raggiungibili. Non sappiamo più cosa fare. Molti cronisti vi aspettano già a Biella.

Papà ringrazia, chiude la porta. Proprio come ieri sera, si girano tutti verso di me e mi fissano. Sono di nuovo un po' preoccupata.

– Che ho fatto ancora?

– Si torna a casa – mi risponde mamma con la voce dolce.

Ci mettiamo in macchina per rientrare a Biella. Arriveremo in fretta, Bielmonte è solo a una ventina di chilometri. Durante il tragitto, i nostri telefoni ritrovano il campo. Si sente in continuazione *din, din, din*. Sono gli avvisi di tutti i messaggini della sera prima che stanno arrivando solo ora. Un'infinità di messaggini, ecco.

Appena arriviamo, notiamo delle telecamere nella nostra via. Mia sorella scappa subito da un'amica. Vorrei andare con lei. Mi piace stare con Caroline. Ma non posso. Mamma e papà mi spiegano che tutte queste persone hanno fatto tanti chilometri in un giorno di festa e sono arrivate a Biella per un solo motivo: parlare con me.

Perché io sono campionessa del mondo di atletica. Ma una campionessa un po' diversa. E questa è la mia storia.

1

La lettura della mano

Io sono una velocista, una campionessa nei 100 e 200 metri. Non a caso, quando mamma ha avvisato papà al lavoro che stavo per nascere, l'ho bruciato sul tempo! Sono stata più rapida di lui ad arrivare. Erano le 12.35 dell'8 novembre 1993.

E così, nei primi minuti in cui mi sono affacciata al mondo, in sala parto la mamma è rimasta sola con i medici. Lei è una donna meravigliosa. Da giovane è stata una giocatrice di basket della squadra di Biella, mentre ora è impiegata in un'azienda di tessuti. È come una torta: è la dolcezza in persona.

Ma in quel momento è preoccupata. Si accorge che stanno tutti intorno a me senza parlare. E si ricorda di quando, quattro anni prima, era nato mio fratello: con entusiasmo le avevano subito detto: «Che bel bambino!

Congratulazioni!». Stavolta, invece, si è avvertito un attimo il mio pianto e poi solo silenzio.

«Che aspettano a portarmi la bimba?» si domanda. Decide di far sentire la sua, di voce.

– Va tutto bene?

– Sì, signora – risponde il dottore che mi tiene in braccio. – Il cordone ombelicale aveva fatto tre giri intorno al collo della piccola, abbiamo dovuto toglierlo delicatamente.

Ma non ha detto tutta la verità. In realtà sta controllando con attenzione anche il mio corpo, soffermandosi in particolare sulla manina. Proprio come fanno i chiromanti, quelle persone che dicono di prevedere il futuro leggendo le righe che abbiamo sul palmo. Per il dottore però è più facile riuscirci, perché sulla mia manina non ci sono tante righe ma una sola, lunga e profonda. E per lui rappresenta una sentenza inequivocabile: il mio futuro sarà difficile e doloroso.

Nel frattempo è arrivato papà. Non veloce come me, ma comunque scattante perché era uno sportivo anche lui. Ha giocato a calcio in Serie C: nel Cosenza e nel Crotone. È calabrese, ma si è trasferito in Piemonte rincorrendo il pallone. Poi ha smesso di fare il calciatore e ora si occupa di "gestione patrimoniale". Non so che cosa vuol dire, però so che è simpatico, carino e mi riempie di coccole, ecco.

È solo un po' gelosetto se abbraccio gli altri. Ma adesso è lui che vorrebbe abbracciare me. Raggiunge subito la mamma in camera, dove l'hanno riportata da poco.

– Come state? Dov'è la piccola? – domanda emozionato Giovanni.

– Bene, ma non me l'hanno ancora fatta vedere – risponde un po' stanca Roberta.

Contento che tutto sia andato per il meglio, senza farsi troppe domande, mio papà telefona subito ai nonni materni Sandro e Fiorella e alla nonna Giovanna, sua mamma, che vive in Calabria. Deve informarli che ora ci sono anch'io.

Ha appena attaccato soddisfatto quando sente una mano poggiarsi sulla sua spalla. È il dottore di prima.

– Signor Orlando, può seguirmi? Vorrei parlarle un attimo.

– Vengo anch'io! – interviene Roberta.

– No signora, ha appena partorito. Deve riposare.

Papà segue il dottore, che lo fa entrare in una stanza dove ci sono altri medici.

– Si vuole sedere? – gli chiedono indicando una sedia.

– No. Sto in piedi, grazie – risponde deciso.

– Per caso avete fatto indagini prenatali durante la gravidanza?

– No, non lo abbiamo ritenuto necessario. Abbiamo già

avuto un figlio in ottima salute e mia moglie è giovane – spiega Giovanni.

Il dottore ha un'espressione molto seria. – Dobbiamo informarla che c'è la possibilità che la vostra bambina abbia la sindrome di Down.

A papà tremano le gambe.

– Bisogna operarla? – farfuglia Giovanni.

– Non si può operare, è una condizione che dura per sempre.

Ora papà vede tutto bianco, come le pareti della stanza e i camici dei dottori. Gli gira la testa. Ha bisogno di appoggiarsi, gli avvicinano velocemente la sedia che aveva appena rifiutato e ci crolla sopra. Si prende la testa tra le mani e inizia a piangere. Nessuno parla, lo lasciano tranquillo. Ha bisogno di qualche minuto per riordinare le idee, capire. Deve farsi coraggio per poter poi parlare con sua moglie.

Che, nel frattempo, è rimasta in attesa nella sua stanza d'ospedale. Cerca di rimanere calma fissando un po' i muri, guardando fuori dalla finestra, sistemando il lenzuolo del letto. Ma non ci riesce, sta passando troppo tempo. Ormai ha capito che non le hanno detto tutto. Si alza dal letto ed esce con passo veloce in corridoio. Si avvicina al nido, dove ci sono tutti i neonati. Si guarda intorno, ci sono tante camere e non sa quale sia quella giusta. L'indecisione

2

Io corro con il 47

– Posso giocare con lei? –. È la prima domanda che fa Michel quando mamma e papà tentano di spiegargli il mio problema. Ma che ne può capire un bambino di quattro anni di cromosomi? A lui interessa solo che cosa può farsene di questa nuova sorellina. Ha passato nove mesi ad accarezzare la pancia di Roberta, perché il mio arrivo doveva essere un momento di gioia. E ora, invece, guarda che musi lunghi. Sospetta che sarò una bella piantagrane, ecco. Nel dubbio, però, decide di concedermi una possibilità.

Misci, io lo chiamo così, mi prende in braccio e inizia a farmi fare il giro della casa, come una guida turistica. – Questa è la cucina, Nicole. E questa la sala, qui c'è la stanza di mamma e papà –. È così gentile e affettuoso che Giovanni lo sta filmando con la telecamera. Ogni tanto mio fratello mi dice una parola strana, sembra "beccia", oppure "accia". Intanto prosegue il suo giro: – E qui c'è la mia cameretta, che ora è anche la tua... bestiaccia!

Bestiaccia! A me?!?! Mamma, papà, lo avete sentito? Mi ha chiamata bestiaccia!

Si sa che i figli unici sono sempre un po' gelosi quando arriva un fratellino, per questo Giovanni non lo rimprovera. Anzi, ride e corre a far vedere il video a Roberta. Meno male, dopo giorni così difficili, siamo riusciti a farli divertire. E con quel video abbiamo riso tutti per anni, finché un giorno sono venuti i ladri e si sono portati via la telecamera e tutti i nostri filmini. Loro sì che meritano di essere chiamati bestiacce.

Insomma, fin dai primi giorni di vita mi vedono tutti come una macchina a cui si sono dimenticati di mettere il motore. Però per fortuna ci sono le ruote e riuscirò a partire ugualmente. Perché ho tanta grinta. Anzi, una grinta che spacca!

Infatti voglio puntualizzare subito che io non sono una persona down. Io sono una persona con la sindrome di Down. Down è un cognome, non un aggettivo. Non significa "inferiore, in basso, giù". Non bisogna tradurlo dall'inglese. Il signor John Langdon Down è il dottore che per primo, nel 1866, ha messo insieme le caratteristiche della sindrome. Nessuno afferma: – Quella persona è

Parkinson –; si dice: – Ha il morbo di Parkinson – dal nome dello scienziato che l'ha scoperto.

Purtroppo il signor Down si chiamava così e questo ha creato a tutti quelli come me un problema in più oltre ai vari che già abbiamo geneticamente. E la maggior parte delle persone pensa che noi dobbiamo sempre camminare un passo indietro.

Sarebbe stato meglio se, al posto di Down, si fosse chiamato John Langdon Up. Oppure John Langdon Beautiful. Oggi saremmo tutte persone beautiful, belle. Io avrei preferito che si fosse chiamato John Langdon Happy! Perché mi sento sempre super felice, ecco.

Se fosse stato italiano, si sarebbe potuto chiamare John Langdon Bianchi, certo non John Langdon Rossi. Perché Rossi, inteso come Valentino - il mio campione preferito - corre con il 46. Noi invece abbiamo il 47.

Funziona così: nel nucleo di ogni nostra cellula ci sono 46 minuscoli bastoncini, i cromosomi. Si possono anche dividere in 23 coppie, perché ogni cromosoma trova un suo simile. Dall'ultima coppia, la numero 23, si può capire il sesso di una persona. Ogni tanto, però, può capitare che nella coppia numero 21 ci sia un intruso, un cromosoma in più. Così, alla fine, si arriva a 47. Per questo la sindrome di Down si chiama anche Trisomia 21.

Io ho un cromosoma in più ed è come se dovessi correre

per tutta la vita una gara di atletica controvento. Arrivo al traguardo ma impiego sempre un po' di tempo in più rispetto ai bambini che nascono senza alcun tipo di ostacolo: i normodotati.

Il ritardo nello sviluppo dell'intelligenza, della capacità di muoversi e del parlare correttamente è alla base della sindrome di Down. Quanto grave sia questo ritardo si può capire solo con il tempo. Però in parte si può recuperare. Se ci riescono i treni, possiamo farlo anche noi! L'importante, quando occorre, è iniziare subito una terapia riabilitativa.

Ai nostri giorni ci sono tante possibilità per tagliare grandi traguardi. Si può raggiungere una notevole autonomia, si possono avere tanti amici, si può andare a scuola, si può imparare un mestiere, ci si può innamorare e, soprattutto, si può fare sport! Sappiamo fare tante cose, ma molte di più sono quelle che possiamo imparare. Nulla è impossibile. Soprattutto se cresciamo in un ambiente sereno. E paziente.

L'importante è stare attenti e fare spesso dei controlli. Oltre ad avere gli occhi a mandorla (in quello sì che siamo tutti uguali), si possono riscontrare in noi alcuni problemi di salute. Circa la metà delle persone con la mia sindrome, ad esempio, potrebbe avere disturbi al cuore. Sono frequenti anche malformazioni intestinali e l'ipotiroidismo: quest'ultimo si verifica quando la tiroide, una ghiandola molto importante che abbiamo nel collo, non lavora come dovrebbe, provocando un aumento di peso. Possono capitare anche alterazioni del sistema immunitario o problemi ai polmoni. Alla nascita abbiamo quasi tutti l'ipotonia muscolare, ovvero i muscoli un po' mollicci. Ma possono rinforzarsi, con una buona terapia rieducativa. Non si tratta di malattie speciali. Se dovessero capitarci, sono le stesse che vengono ai normodotati e le cure sono uguali.

Non si sa quali siano le cause del cromosoma intruso nella coppia 21. Succede da sempre e in tutto il mondo. Alla fine i dottori e gli scienziati sono arrivati a una conclusione: la nostra condizione genetica è un fatto assolutamente naturale. E anche abbastanza frequente: si calcola che in Italia ci siano circa 48.000 persone con questa sindrome. Infatti, si sente spesso ripetere che «non siamo un mondo a parte, ma una parte di mondo». E io aggiungo che si tratta di una parte di mondo travolgente, una vera avventura.

Nei primi giorni, proprio come Michel (che non ha ancora capito se ci guadagnerà qualcosa dalla mia presenza), anche i miei genitori sono un po' spaesati. Devono necessariamente adottare delle misure speciali dopo che la neuropsichiatra di Biella ha fatto previsioni catastrofiche sul mio futuro (in sintesi, secondo lei, non riuscirò mai a fare nulla!).

Come primo passo cambiano casa. Ne preferiscono una al piano terra con il giardino. Pensano che sia più sicura di un appartamento in alto con il terrazzo. Eccoci qui, quindi, nella casa dove ancora abitiamo tutti insieme.

Poi la scelta più importante, quella di andare a Milano in una delle numerose associazioni nate per aiutare chi deve affrontare una vita controvento. Le persone che nascono con la mia disabilità sono sensibili, fragili e vulnerabili, devono sentire subito affetto. All'inizio, quindi, è importante che non solo i neonati ma anche le loro famiglie ricevano assistenza. E queste associazioni aiutano le mamme e i papà a conoscere e capire il loro bambino, gli fanno notare le sue abilità e li guidano nelle terapie. Poi promuovono gli incontri tra i genitori, in modo tale che possano confrontare le loro esperienze.

Giovanni e Roberta si sentono improvvisamente potenti come Superman e Wonder Woman scoprendo l'AGPD (Associazione Genitori e Persone con Sindrome di Down). Appena arrivati, vengono subito tranquillizzati. Vedono bambini poco più grandi di me muoversi in totale autonomia, giocare, parlare. E gli viene garantito che io diventerò come loro. Ma devono rispettare alcune regole.

Ah, che meraviglia quelle regole... Un trattamento a base di coccole e massaggi!

In più, una volta al mese, si passa un'intera giornata al centro di Milano per fare controlli del sangue, della vista, dell'altezza, del peso. È lì che Roberta capisce che ci sono tante cose da fare, ma che c'è sempre una soluzione. Per trovarla prima, si prende tre anni di aspettativa dal lavoro. E per non trascurare Michel, mamma lo coinvolge in tutto.

Anche lui mi aiuta in questa ginnastica coccolosa che mi fanno massaggiandomi tutta dopo ogni bagnetto. Serve per stimolare i miei piccoli muscoli: mi fanno fare su e giù con le braccia e tanti incroci con le gambe, che sono proprio mollicce. Rispetto ai bambini senza la mia sindrome, sono molto più tranquilla, mi lamento poco e dormo tanto.

Ho insegnato a farlo anche a Misci, che da quando è nato si sveglia ogni notte. Visto che lui mi massaggia, ricambio, mostrandogli come non farlo più. Appena apre gli occhi, si alza, infila il suo visetto nella mia culla e mi chiama cercando di non far dormire nemmeno me. Tutta fatica inutile, io sono un ghiro. Ci prova un po' di volte, poi si rassegna. E anche il suo sonno diventa più lungo e tranquillo.

Da svegli siamo un po' meno bravi. Ma va bene così, anche quello è uno stimolo. Hanno sempre detto che giocare, come per tutti gli altri bambini, è un grosso aiuto per me. E avere un fratellino che non sta mai fermo, è un regalo. Per cercare di seguirlo, imparo a gattonare. Anzi, a "sederare". Infatti, io mi muovo rimbalzando sul pannolino pur di provare a fare tutto quello che fa lui.

Misci non mi chiama più bestiaccia, ma qualche dispetto continua a farmelo. Per vendicarmi, proprio io che sono simpaticona e faccio sorrisi a chiunque, scoppio a piangere appena si avvicina. E se si mette accanto a me sul divano, gli rifilo subito un calcetto.

Intanto passano i mesi, finisco le vaccinazioni e gli esperti di Milano suggeriscono a mamma e papà di dare subito il via alla mia carriera sportiva, per rendermi ancora più forte. Mi sto tuffando nella vita con coraggio, devo superare scogli e correnti contrarie, devo affrontare gli squali, cioè l'ignoranza della gente che mi considera come una bambola rotta. Insomma, mi pare evidente che per prima cosa devo imparare a nuotare.

Roberta si mette in cerca del posto giusto e lo trova in un tennis club di Biella. Ha la piscina riscaldata e una ragazza che fa corsi per i bambini piccoli come me. Non mi tuffo da sola, con me ci sono anche mamma e Michel. È super fantastico! Quanto mi piace l'acqua: è una sensazione che spacca! Mi lasciano andare sotto con tutta la testa e poi risalgo da sola in superficie.

I benefici non tardano ad arrivare. Mamma se ne accorge soprattutto mentre mi cambia il pannolino: distendo di più le gambe e le braccia. E appena mi mette a terra, mi muovo in continuazione.

Sento che è il momento di sperimentare una nuova esperienza: camminare. Ho deciso che non voglio riuscirci poggiandomi a qualcosa come fanno tutti. Mi ostino a mettermi in piedi con le mie forze e solo quando nessuno mi osserva. Altrimenti mi ributto giù. Lo considero un fatto privato, ecco.

Ho appena compiuto i 16 mesi quando mi ritrovo dritta sulle mie gambette. Adesso riesco a fare un passo dietro l'altro. Sono forte, non cado mai. Sono stata brava e coraggiosa, ho fatto tutto da sola nonostante il vento contrario. Adesso cammino. Di più: posso iniziare un nuovo cammino. Non so dove mi porterà, ma voglio scoprirlo.

Perché la sindrome di Down è anche curiosità.

3

Un motto che spacca

Voto 10! È quello che mi do per essere diventata la regina delle spaccate e la maga delle sparizioni.

Ho due anni e mezzo, vado al nido, frequento un corso di ginnastica e mi do alla fuga appena posso, senza dire niente a nessuno. Anche perché ancora non spiccico una parola. Ma ascolto tutto, in particolare quello che mi ripetono spesso in casa: – È vietato dire *non ce la faccio* –. Mi piace, diventerà il motto della mia vita.

La mia famiglia, in totale accordo con gli insegnanti, ha scelto di educarmi con le stesse regole che valgono per gli altri bambini. Con questo non intendono negare che io sono un po' diversa. Al contrario, cercano di incoraggiarmi. Mai mi diranno: – Non sei capace, ci penso io –. Difatti mi spiegano che all'inizio nessuno sa fare niente, bisogna provare: – Prima o poi ci riuscirai –.

Me lo ripetono sempre, soprattutto i nonni. Ora è con loro che passo la maggior parte del tempo, mamma sta tornando al lavoro. Nessuno mi rimprovera se qualcosa non mi riesce o se ci metto più tempo degli altri. Ma che gioia appena raggiungo piccoli traguardi!

La brutta notizia, però, è che il periodo "solo coccole" sta finendo. Mamma ha chiesto alla maestra, che si chiama Annina, di pretendere da me educazione e rispetto per le altre persone. A questa età può anche risultare divertente se mi comporto da furbetta o faccio i dispetti ai bimbi, come quando scherzo con Misci. Ma se non imparo a stare con i compagni adesso, dopo sarà più difficile cambiare e certi atteggiamenti non saranno più visti con la stessa simpatia. Crescendo, rischierei di essere messa da parte.

Annina mi coinvolge in tutte le attività che si organizzano al nido, mi fa lavare le manine e i dentini da sola, proprio come gli altri bambini.

E nessuno dei miei compagni si accorge che io vivo controvento. È un'età in cui si nota poco, ecco. A parte il fatto che non parlo e che porto ancora il pannolino mentre gli altri già ne fanno a meno. Tutti, invece, si accorgono che scappo spesso e mi arrampico ovunque, specialmente sugli alberi. E guai a rimproverarmi: io mi offendo! Però mi passa presto, così riparto per le mie esplorazioni in cerca di posti dove nascondermi.

Come quando sono sparita al momento dell'uscita di scuola. Un attimo prima sono con tutti gli altri, quello dopo ho fatto perdere le mie tracce, sono diventata invisibile. Mi cercano in ogni aula, nei bagni, in giardino. Intanto mi chiamano, urlano il mio nome. Finché a qualcuno non viene in mente di guardare in mensa. È tutto buio, perché hanno finito di sistemare già da tempo. Eppure sono proprio lì, seduta per terra che accarezzo tranquillamente i miei lunghi codini biondi. Quando mi trovano e mi domandano che ci sono andata a fare nella mensa chiusa, alzo le spalle. Come a dire: "Che domande! Mi sono nascosta, è ovvio".

E non mi dileguo solamente a scuola. Avrò avuto tre anni quella volta in cui, di ritorno dalla Calabria, i miei decidono di dare un'occhiata a un villaggio turistico in Basilicata dove potremmo passare le vacanze. Appena papà ferma la macchina, si incammina verso il bar a prendere un caffè con una coppia di amici. Io mi guardo un po' attorno, questo luogo mi intriga. Così faccio segno a mamma che vado con lui. Appena lo raggiungo, gli faccio segno che resto con mamma. È la mia nuova tattica. Ovviamente me ne vado per i fatti miei.

Quando i tre tornano dal bar, mamma domanda dove sono. È il panico: da un lato c'è uno stradone con le macchine che sfrecciano veloci, dall'altro il mare. Non è il posto più adatto a perdere una figlia... Mi chiamano, mi cercano ovunque, sono disperati. Una signora, che aveva seguito distrattamente le mie mosse, si avvicina a loro e domanda: – State cercando una bambina bionda? –. Poi indica un cespuglio. Mi hanno trovata! Ero solo curiosa di capire che reazione avrebbero avuto.

Una reazione immediata, ecco. Decidono che mi servono regole più rigide. E mamma sa chi può mettermi in riga. Io temo un castigo, invece sarà un incontro meraviglioso. Sto per conoscere una persone speciale: Anna Miglietta.

È stata allenatrice di ginnastica artistica della Nazionale italiana. E be', niente male! Quando insegna, spiega a tutti come mettere il cuore in quello che si fa. Mamma l'ha conosciuta al liceo: era la sua prof di educazione fisica e sa che ha già seguito ragazzi con disabilità. Ora Anna ha un centro di ginnastica e danza davvero super, si chiama La Marmora.

Mi ritrovo iscritta nel suo corso di ginnastica propedeutica, insieme a bambini e bambine normodotati della mia età. Devo fare i loro stessi esercizi ma mi piace talmente tanto che in poco tempo divento la star del gruppo. Ci riesco nonostante tutte quelle "calamite": le spalliere. È un'attrazione a cui non posso resistere. Appena Anna si distrae un attimo, mi ci sono già arrampicata. Lei mi afferra, mi rimette giù e mi sgrida un po'. Grazie ai suoi suggerimenti, non rinuncio mai a provare un nuovo esercizio, perché è vietato dire *non ce la faccio*. Ho paura solo della trave, non mi piace l'altezza.

Imparo a fare la ruota, le capriole e a usare il nastro. Gli esercizi che mi divertono di più sono quelli al trampolino piccolo: a tre anni faccio dei salti incredibili, restano tutti a bocca aperta. Ma niente è paragonabile al momento del "gioco-gioco". Con tutti i cubi di gommapiuma che proteggono in caso di caduta dagli attrezzi, Anna riempie una buca che chiamiamo "piscina". È come tuffarsi in un'acqua rimbalzante, ecco. A noi sembra un gioco troppo divertente, in realtà è forse l'esercizio più utile: aiuta soprattutto chi ha problemi motori come me. Camminare sui quei cubi è difficile e, per non perdere l'equilibrio, sollecito i muscoli delle mie gambe, che diventano sempre più forti. E così riesco a controllare perfettamente le articolazioni molto snodate che ho dalla nascita: un aspetto della mia disabilità si è trasformato in una dote. Faccio delle spaccate che gli altri si sognano! Spesso Anna mi chiede di mostrare ai bambini come si eseguono. Mentre tutti mi domandano ammirati: – Ma come fai?

Anna Miglietta dice che se sono così brava è merito di un'altra mia dote: l'attenzione. L'ha notato anche in altre persone come me. Quando ci viene mostrato un esercizio, pensiamo solo a quello, niente può distrarci. A parte le spalliere...

Per i tre anni che ho frequentato la sua palestra, non ho mai pensato *non voglio andarci* o *sono stanca*. Per due motivi. Primo: mi diverto. Secondo: io non mi lamento mai.

Infatti né a casa né a scuola riescono a capire quando sto male o mi è venuta la febbre. Non si sono accorti nemmeno che mi sono rotta un braccio. Cioè, non subito. Poi a mamma è venuto il sospetto: non lo muovevo più.

È successo in montagna, con il nonno. Stavamo giocando sullo scivolo. Come al solito io volevo arrampicarmi da sola, mentre lui cercava di reggermi. Per mandarlo via, l'ho spinto. È scivolato lui ma sono scivolata anche io... Mi sono subito toccata il braccino, ma nemmeno una lacrima!

Quando il giorno dopo Roberta ha notato che lo tenevo immobile, mi ha portata dal pediatra. Lui me lo ha rigirato improvvisamente con un movimento brusco spiegando che, se fosse stato rotto, avrei urlato come a un gol preso dall'Inter. Mentre io ho solo fatto una smorfia di dolore. La mamma, però, che non aveva mai visto quell'espressione sul mio viso (nemmeno a un gol preso dall'Inter), mi ha portata subito al Pronto Soccorso a fare una radiografia. Era fratturato.

Ma lo stupidario medico che ci è toccato subire non è

ancora al capitolo finale. In famiglia si sono anche accorti che i bambini come me sono riusciti a dire le prime paroline alla scuola materna e sono convinti che sia giunto il momento di iniziare qualche terapia che mi aiuti a parlare.

E qui ci vuole un'altra spiegazione: noi impieghiamo così tanto a parlare perché non sono solo i muscoli di braccia o gambe a essere sotto tono quando nasciamo, ma proprio tutti quelli che abbiamo nel corpo. Compresi quelli della faringe e della lingua, che oltretutto è un po' più grande del normale. Un ingombro che ci rende ancora più impacciati.

Però la neuropsichiatra si oppone: meglio restare un anno in più al nido perché chissà quando parlerò.

Tutto il contrario di quanto suggeriscono gli esperti dell'associazione di Milano. Psicomotricisti, pedagogisti, neuropsichiatri e psicologi puntano l'attenzione sulle mie abilità e non sulle carenze. E indicano la strada per farmi vivere una vita il più possibile felice. Seguendo i bambini, i ragazzi e anche gli adulti come me, riescono poi ad aiutare i parenti e gli insegnanti a capire le nostre potenzialità più nascoste.

Ecco perché mamma e papà scelgono di ascoltare il loro consiglio: passare alla scuola materna ma che sia pubblica, perché più organizzata delle strutture private ad accogliere chi vive controvento. Infatti, trovo tre fantastiche maestre:

Silvia, Daniela e Pina. Quest'ultima è la mia insegnante di sostegno. Si tratta di una docente specializzata nel lavoro con bambini e studenti con disabilità. Mi aiuterà molto con la psicomotricità e con tanta, tanta, tanta ginnastica.

Ma non sono stata semplicemente fortunata ad avere sempre insegnanti eccellenti. Immenso è stato il lavoro di ricerca che ha fatto mia madre, dal nido fino al liceo: meglio di un agente segreto, Roberta si è informata, ha incontrato, ha spiegato, ha ascoltato e, alla fine, ha tirato le somme.

Eccomi quindi in una scuola di periferia, lontana da casa nostra, in classe con bambini di tante nazionalità e maestre super. Silvia, Daniela e Pina si impegnano tantissimo per farmi parlare. Tutte consapevoli che a poco serve l'unica seduta settimanale con una logopedista che passa la Asl. È più efficace il "metodo Roberta": servendosi dei libri e soprattutto dei fumetti di Topolino, mamma gioca a interpretare i personaggi, immaginando le loro vocine. Inizia una frase e poi chiede a me di continuare. Arricchisce questi esercizi con canzoncine, giochi e tanti discorsi. Le maestre fanno lo stesso a scuola. Funziona!

Anche perché a me questa storia di sfogliare i libri piace proprio tanto, ecco. Me li porto sempre dietro, anche se non so leggere mezza parola. Però mi siedo a terra, incrocio le gambe, giro le pagine e col dito seguo tutte le righe. La gente mi guarda sbalordita, convinta che sia davvero concentrata e catturata dal testo. Invece non sono nemmeno in grado di scegliere i libri adatti alla mia età. In spiaggia passo le ore a leggere con passione… l'elenco del telefono!

Qualche parolina inizio a dirla ma finora i suoni usciti più spesso dalla mia bocca ricordano una piccola mitraglietta: tatatatatatatata. Faccio sbattere la lingua sui denti, aprendo e chiudendo la bocca. Con un risultato del tutto imprevisto: i bambini che sono arrivati alla materna sapendo già un po' parlare, ora ripetono solo tatatatatata. È una situazione che spacca, ma le maestre sono disperate. Dovrei essere io a inseguire loro, non il contrario, ecco!

In questi casi mi sembra di non aver bisogno di nessuno. Perché è vietato dire *non ce la faccio*. E perché la sindrome di Down è anche indipendenza.

4

Il poi

Sono proprio brutte, le parolacce. Appena ne sento una, anche se l'ha pronunciata una persona che non conosco, parto col rimprovero: – Ti ho sentito! –. Oppure: – Eh, eh, eh! Non si dice! –. Non mi piace nemmeno litigare. Io non lo faccio mai. Be', insomma, giusto ogni tanto.

Però mi sono arrabbiata quella volta in cui mamma è venuta a prendermi a scuola dopo qualche giorno che non la vedevo. Era andata a Torino con un pancione enorme e adesso me la trovo davanti tutta magra e con un bebè in braccio. Sono un po' restia ad avvicinarmi, non sono convinta che mi convenga ascoltare quello che ha da dirmi.

– Niki, ti presento Caroline. È la tua sorellina.

– ...

– Non sei contenta?

– …

– Nicoleeee, dove vai?

Dalla rabbia scappo a rifugiarmi dalle maestre. Ho deciso: resto qui e non torno più a casa, ecco! E no che non sono contenta. Non avevo chiesto nessuna sorellina.

Chissà che ne dirà Michel? Noi due siamo una coppia pazzesca perché io mi comporto da vero maschiaccio. Giochiamo sempre a pallone, come si capisce dai lampadari ammaccati che abbiamo in casa.

Va così: fatto il danno, Misci mi supplica di non dire niente, di tenere il segreto. Ma, appena mamma rientra dal lavoro, le corro incontro felice: – Non posso dirti che abbiamo rotto il lampadario con una pallonata, è un segreto! –. In castigo, tutti e due.

Finché un giorno ci hanno organizzato una stanza dei giochi tutta per noi. E ora non intendiamo dividerla con questa neonata.

Visto lo stato di emergenza e la necessità di ricorrere ad azioni di difesa, Michel e io ci alleiamo. Entriamo in azione nel giardinetto dietro casa, dove mamma ci lascia andare soli con Caroline in carrozzina mentre lei finisce le faccende. Lì ci sono tante vecchiette che ci controllano e poi Roberta è contenta: appena ci raggiunge, trova sempre la piccolina che dorme come un sasso. Non capisce solo perché quelle vecchine le raccontino ogni volta stupite che la bambina va già sull'altalena. Un giorno sbotta: – Che c'è di strano? Nicole ha sette anni, è normale che sappia andare sull'altalena.

– Non stiamo parlando di Nicole, ma di Caroline!

Mamma ci fulmina con gli occhi. Siamo costretti a confessare. Mettiamo la neonata sul seggiolino dell'altalena e la facciamo dondolare velocemente. E lei, rintronata dalla centrifuga, crolla addormentata. Oppure la scuotiamo direttamente dentro la culla. Una volta l'ho spinta talmente forte che l'ho fatta volare fuori e cadere a terra. Non muoveva più il collo. Terrorizzati, mamma e papà l'hanno portata di corsa all'ospedale. Mi sono spaventata anche io. Per fortuna non si era fatta nulla. Allora, qualche tempo dopo, l'ho parcheggiata su una mensola in camera nostra. Poi ho chiamato mamma: – Vieni a vedere dove è finita quella monella! –. Speravo che la rimproverasse, invece se l'è presa con me. Era ovvio che non poteva esserci andata da sola fin lassù. Caroline ha imparato a camminare a soli 9 mesi, dicono che c'è riuscita così presto per scappare da me! A ripensarci adesso mi vergogno un po'. Non parliamone.

A proposito di parlare... Io ora PARLO! E ho imparato a fare tante altre cose: da anni non porto più il pannolino, mi lavo e mi vesto da sola, mi so allacciare le scarpe e riesco anche ad asciugarmi i capelli col phon.

Ha funzionato alla grande anche l'ultimo piano di mamma: mi ha mandata in prima elementare un anno dopo l'età prevista, per farmi avere le stesse insegnanti di mio fratello. Sa che sono super, soprattutto Maria, la maestra di matematica.

A dir la verità, non fila subito tutto liscio. Mi viene assegnata un'insegnante di sostegno che non ha capito bene come lavorare con me. E io non vado volentieri a studiare con lei. Faccio finta ogni mattina di avere mal di pancia per restare a casa, ma poi mi sorprendono che mangio pane e cioccolata. La maestra Mania - la chiamo così perché non so ancora dire le "r" - la convince così a seguire Jessica, una bimba dell'altra classe che ha una disabilità fisica. La mia, invece, è una disabilità intellettiva. Ho bisogno di un tipo di assistenza diversa. Per un po' Maria e Roberta (la maestra di italiano) vanno avanti da sole, poi mi arriva in regalo Vanna: è l'aiuto che ci serviva. Studiare alla scuola Collodi diventerà una gioia.

Le maestre si sono accorte con piacere che sono una bimba sveglia, il cromosoma in più non mi ha procurato problemi di salute come purtroppo è accaduto ad altri bimbi. Però mi impegno per farle spaventare lo stesso. Non fanno in tempo a girarsi un attimo, che sono sparita! Ma loro se la cavano anche come investigatrici: mi ritrovano sempre. Una volta nell'aula di musica, un'altra in segreteria o dentro un armadio. Le mie mete preferite rimangono gli alberi del giardino. Arrivo in alto velocissima, più rapida dei maschi. Il problema è che poi soffro di vertigini e ho paura a scendere. Tocca alla povera Vanna arrampicarsi per tirarmi giù. Sembra una scena di *Mission Impossible,* c'è anche la colonna sonora: sono le risatine beffarde degli altri bambini che sghignazzano per il modo impacciato con cui affronta il tronco.

– Nicole, ma che cosa vai cercando? – mi chiedono esasperate.

– Il poi.

– Il poi?! Tesoro, ma che significa "il poi"?

È semplice. Significa che voglio scoprire che cosa c'è oltre i nostri limiti. Io voglio sapere che cosa c'è dopo. Immagino che il "poi" sia meraviglioso perché riesco a vedere solo il bene, non concepisco il male. È uno degli aspetti che più preoccupa i miei genitori. Se una persona mi tratta in malo modo, penso subito di aver sbagliato io e non che sia stata sgarbata lei. Per questo hanno avuto tanta paura quando sono scappata in bicicletta nella zona della stazione. Stavano per chiamare la polizia, proprio come quando sono sparita in un centro commerciale e in una stazione di servizio in autostrada. La mia tattica è ancora la stessa: dico a uno che sto con l'altro e viceversa.

Ogni tanto scappo perché vorrei essere "l'adesso" degli

altri. Mi piace stare al centro dell'attenzione. E quando mi accorgo che nessuno bada a me, mi offendo. Oppure mi trasformo in una ladra seriale di penne ed evidenziatori. Mi accanisco in modo particolare contro Margherita. Perché ci piace lo stesso compagno. Luca è il più carino della classe. Io ci gioco spesso, lo trascino per il corridoio tenendolo per i piedi, facciamo anche qualche partitella a calcio. Ma ogni tanto mi accorgo che ci vorrebbe giocare anche lei. E allora le porto via le penne, ecco.

– Me le hanno regalate! – rispondo quando a casa mi chiedono di chi sono. Ma mi ordinano di riportarle subito. I miei compagni sono gentili e non si arrabbiano. Compresa Margherita: riprende la sua penna, ringraziandomi di averla restituita.

Ogni tanto "il poi" è anche graffiante. L'ho scoperto quando mi sono arrampicata in alto su una siepe: non era previsto che ci scivolassi dentro, restando incastrata con la testa in giù e il piedino che spuntava dalle foglie. La maestra Maria non ha la più pallida idea di come tirarmi fuori. È nel panico, ma non vuole farlo capire per non spaventare gli altri bimbi. Che invece si stanno godendo lo spettacolo. Ognuno le strilla un consiglio su come estrarmi. Ma lei sa che, tirandomi in alto o in basso, rimedierei solo graffi. È un'operazione lunghissima, però alla fine ci riesce limitando i danni.

Maria e Vanna mi hanno permesso di tagliare traguardi impensabili sia per la neuropsichiatra di Biella che per gli esperti dell'associazione di Milano. Le mie maestre si rendono conto che mi irrigidisco quando vado agli incontri con i medici, per me sono solo degli sconosciuti. Non riesco a essere tranquilla come con le persone che vedo a scuola tutti i giorni. Quindi non ho voglia di fare gli esercizi che mi propongono, non sono collaborativa. Loro possono immaginarlo ma le mie risposte sembrano inadeguate comunque. Con il risultato che si fanno un'idea sbagliata di me.

È impossibile sottrarsi agli incontri tra familiari, docenti e neuropsichiatra: sono obbligatori per stabilire il Pei, Piano educativo individualizzato. Cioè che cosa posso studiare a scuola. Eppure, a ogni verifica, i medici sbarrano gli occhi per i progressi. Quasi dubitano che quei quaderni siano realmente miei.

Di certo ho avuto i miei tempi, non ho imparato a scrivere insieme agli altri compagni. All'inizio faccio tutti cerchiolini, come delle "O". Preferisco anche andare dall'alto verso il basso invece che da sinistra a destra. Quando devo iniziare a leggere, sottolineo tutto. Anche i miei libri preferiti. E per fortuna che mamma e le maestre hanno "disobbedito" ai medici, che si raccomandavano di non insistere con l'insegnamento del corsivo e dello stampatello minuscolo. Troppo difficile per una come me. Allora Roberta aveva posto una domanda semplicissima alla neuropsichiatra: – Come farà a leggere in futuro, se i libri sono tutti pubblicati in stampatello minuscolo?

– A questo non avevo pensato – è stata la desolante risposta.

Alle elementari ho sempre lavorato in classe insieme a tutti i miei compagni. Se loro scrivono "la luna brilla nel cielo", io solo "luna". Eppure non mi sento diversa dagli altri. Non ho mai percepito Vanna come una maestra solo mia. A dire la verità, non ho proprio la minima idea di essere un po' diversa.

Con le insegnanti dell'altra classe, infatti, Vanna e Maria hanno deciso di dividerci ogni tanto in gruppetti. Magari chi ha saltato delle lezioni è rimasto un pochino indietro. Oppure ci sono dei bambini stranieri che non conoscono ancora la nostra lingua. Come Gustavo, che viene dall'Ecuador. Parla perfettamente inglese e spagnolo. Ma non l'italiano. Per un motivo o per l'altro, quindi, non sono mai l'unica a dover rincorrere.

E se gli specialisti sostengono anche che non ho senso logico e memoria, Vanna e Maria vanno avanti seguendo più il loro istinto che le indicazioni dei medici: perché per loro io ho sia senso logico che memoria.

Se dico "acqua", loro insistono a farmi parlare finché

non chiedo: – Ho sete, potrei avere l'acqua? –. Una tecnica è far finta di non aver capito. Appena pronuncio una parola in modo poco chiaro, mamma o le maestre esclamano: – Caspita, sto davvero invecchiando. Ormai sono sorda. Puoi ripetere per favore quello che hai detto? Non ho sentito –. In tal modo non penso di avere io un problema, non mi scoraggio e ci riprovo subito. Vanna ha seguito un corso di foniatria e sa spiegarmi anche come devo respirare per parlare bene.

Insomma, continuo a correre controvento. Ma al traguardo arrivo anche stavolta. E conquisto una doppia vittoria.

Perché non solo parlo: io ora canto! Soprattutto *Banane e Lamponi* di Gianni Morandi, in continuazione. Una volta l'ho ripetuta per tutta la durata del viaggio da Biella a San Giovanni in Fiore, in Calabria. Se mi fossi nascosta in una stazione di servizio quel giorno, nessuno dei miei sarebbe venuto a cercarmi. Non ne potevano più!

Mi sono spenta solo all'arrivo, davanti alle super polpette al sugo che prepara mia nonna Giovanna. È bravissima a cucinarle, si è allenata con i suoi sette figli! Infatti, ho tantissimi zii dalla parte di papà e una marea di cugini. Quanti? Li ricordo tutti e ci vogliamo bene. Ma non sono brava con i numeri. Quando si parla di matematica, il vento soffia con una forza maggiore.

Hanno cercato di insegnarmi le tabelline in qualunque

modo, anche con le canzoncine rap. Tutto inutile. Non è un problema comune a ogni persona come me. Conosco una bambina con la sindrome di Down che è addirittura la più brava della sua classe in matematica.

Io preferisco concentrare le mie energie nello sport. Ogni disciplina che provo rafforza il mio fisico e soprattutto il mio carattere. Con un'unica eccezione: lo sci.

La neve è bella ed è super divertente scivolare con lo slittino, fare a pallate e creare i pupazzi. Ma sugli sci no, per favore! Detesto cadere come un sacco di patate.

Non appena gli altri si infilano gli scarponi, avviso nonna Fiorella: – Io resto con te! –. E finisce che giochiamo a carte: scopa, scala 40, briscola e rubamazzetto.

A "Uno" sono imbattibile. Non mi fanno vincere apposta, li straccio per davvero. Sono velocissima con i puzzle. Talmente rapida che riesco a farli anche al contrario, senza guardare la figura. Vado forte anche con i giochi di memoria. Sì, proprio quella che non dovrei avere! Se è per questo, avevano detto che non sarei riuscita nemmeno ad andare in bicicletta. Invece la uso perfettamente, insieme a monopattino, skate e pattini.

Pur di non sciare, vado a fare il tifo ogni fine settimana per mio fratello. Misci gioca a calcio e quando ha la partita, io sono sempre sugli spalti che mi scateno. Urlo, canto e critico pure l'arbitro ripetendo tutto quello che dice mio papà. Che, infatti, da qualche settimana ha smesso di fare commenti: gli ho fatto fare troppe figuracce.

– Sei poco furbo, non capisci niente! – ho gridato un giorno all'allenatore, colpevole di aver lasciato mio fratello in panchina.

Una cosa sola placa il mio temperamento da ultras: la fame. Lo sa bene mamma, che una volta mi vide arrivare con un bel pacco di patatine croccanti.

– Niki, avevi i soldi per pagarle? – si insospettisce.

– No.

– Te le hanno regalate?

– Noo.

– Hai rubato?

– Nooo!

– Come hai fatto allora?

– Batto, orbici mie ora sue! – spiego orgogliosa.

Mamma capisce solo che deve cercare il responsabile del bar. Si sta guardando la partita e non si è nemmeno accorto che ho preso le patatine. Però, appena raggiunge il suo bancone, scopre che gli ho lasciato le mie forbicine di plastica.

– Ecco! – le indico orgogliosa.

La spiegazione arriva dalla maestra Maria: l'argomento della sua ultima lezione era stato il baratto. E io l'avevo capito perfettamente.

Perché la sindrome di Down è anche determinazione.

5

Inizia lo spettacolo

– Che cosa si prova ad avere una sorella così?

– Così come? – si stupisce Caroline.

– Non lo sai? Nicole ha la sindrome di Down – insiste la sua compagna della scuola materna.

Caroline non sa che cosa rispondere. È senza parole.

Quando Roberta va a prenderla a scuola, la mia sorellina è turbata.

– Mamma, è vero che Niki è diversa da noi?

– Sì, tesoro.

Per la seconda volta nella loro vita, i miei genitori devono spiegare a un figlio tanto piccolo le difficoltà che devo affrontare.

Anche se adesso, rispetto a 12 anni fa, i miei limiti sembrano avere un potere magico. Se ci sono io in circolazione, non si riesce a litigare, a discutere e a tenersi il muso per troppo tempo. In casa Orlando, appena qualcuno si arrabbia con un altro, intervengo io come un arbitro. Al posto del fischietto, mi servo di frasi un po' sgangherate ma piene d'amore. È inevitabile mettersi a ridere.

Carolingia (ogni tanto la chiamiamo così) ha però capito che io non sono ancora consapevole di vivere controvento. Vorrebbe dirmelo lei, ma mamma glielo impedisce. Non vuole turbarmi. Un sospetto però mi sta venendo. Ormai frequento la scuola media e ho un'altra insegnante di sostegno, Claudia. Mamma dice che è favolosa anche lei. Per l'intero triennio ha fatto un lavoro incredibile, preparando schede facilitate per farmi seguire lo stesso programma dei miei compagni. Ancora oggi, i quaderni di quel periodo vengono mostrati come un trofeo. Mi vergogno solo un po' quando devo essere interrogata. Non ho il coraggio di uscire dal banco e mi copro gli occhi con le mani, come se così potessi nascondermi tutta. È un gesto che continuo a fare anche oggi, quando sono in imbarazzo.

La prof Claudia mi ha permesso anche di partecipare alla gita di classe: cinque giorni a Roma! Ho dormito in camera da sola con le mie compagne e camminato per ore senza mai lamentarmi. Perché io non lo faccio mai. Però altroché se ero stanca: il giorno del rientro mi sono addormentata nel bel mezzo di una visita medica!

Eppure c'è qualcosa che non mi torna...

Una sera ho ascoltato Michel parlare con i nostri genitori. Ho un udito speciale, sento tutto, anche quello che si dicono nelle altre stanze. È il mio superpotere, ecco! Misci è agitato. Parla di un episodio accaduto durante la partita di calcio del pomeriggio. Pare che un tipo della squadra avversaria continuasse a definire "handicappato" un suo compagno perché giocava male. Allora mio fratello gli ha chiesto di non pronunciare quella parola, gli sembra una mancanza di rispetto avendo in famiglia una persona con disabilità. Invece di scusarsi e smetterla, quel ragazzo inizia a ripeterlo con maggior frequenza. Vuole provocare, far innervosire mio fratello perché è forte e lui ha paura di perdere. Invece ottiene un risultato che non aveva previsto: si becca un pugno sul naso! Mentre mio fratello si massaggia la mano, il bulletto deve lasciare il campo.

I miei rimproverano Michel. Non possono certo congratularsi per un gesto di violenza, anche se fatto per "difendermi". Lui si giustifica spiegando che altre volte è capitato che in campo si sentissero le parole "handicappato" e "mongoloide". Ma se chiedeva gentilmente di non dirle, nessuno si azzardava più a ripeterle.

Di tutta questa storia, capisco solo che mio fratello ha cercato di proteggermi. Ma da cosa?

Quando vado io a vedere le sue partite non ho mai sentito certe espressioni. E lo accompagno spesso, perché i suoi amici sono anche i miei. Al pomeriggio non vengo coinvolta dalle attività dei miei compagni di scuola. Le ragazzine escono tra di loro, con me sono sempre gentili ma non mi invitano. Lo fanno solo quando ci sono le feste di compleanno.

Per me non è un problema. Di solito trascorro la maggior parte del tempo a giocare con i miei fratelli. In particolare con Caroline, che sta crescendo. Ci piace fare le stesse cose, soprattutto guardare i cartoni della Disney.

Litighiamo tantissimo, anche con Michel. Prima ci facciamo i dispetti tra noi tre. E poi ci arrabbiamo con mamma e papà perché, quando devono rimproverarci, siamo convinti che favoriscano gli altri due.

– Date sempre ragione a Michel e Nicole perché sono grandi! – strilla Caroline.

– Date sempre ragione a Nicole e Caroline perché sono più piccole – protesta Michel.

– Date sempre ragione a Caroline e Michel ma non ricordo il perché! – mi lamento io.

È così tutti i giorni. Le più scatenate siamo noi sorelle, perché dividiamo anche la stessa camera. Misci è grande e ne ha una tutta per lui.

Nei momenti di tregua, Carolingia cerca ancora di parlarmi di qualcosa. Dice che bisogna sapere tutto.

Immagino che voglia capire se Babbo Natale esiste. Ma

che importa? Ricevere regali è emozionante comunque. Li adoro. Nelle mie lettere chiedo dai venti ai trenta doni. È bello riceverli anche al compleanno. Quando si avvicina il mio, inizio a ricordarlo a tutti un paio di mesi prima, ecco.

Non è un regalo ma ho comunque una cosa da chiedere proprio adesso, nel bel mezzo della cena.

– Perché a scuola faccio cose diverse e non ho gli stessi libri dei miei compagni?

Restano tutti per qualche attimo in silenzio. A mamma si stringe il cuore ma sa che questo momento prima o poi sarebbe arrivato. E da tempo prepara la sua risposta.

– Hai bisogno di un aiuto in più per certe cose che non ti vengono bene, perché non tutti sappiamo fare tutto. A me non riescono le ruote e le spaccate, mentre tu sei bravissima. E nessuno sa fare i conti bene come Michel, che vince anche le gare di matematica.

– Ho capito. Posso avere un pezzetto di dolce? –. Per me la questione è chiarita. Non mi servono altre spiegazioni.

Per ricordarmi quanto sono brava nello sport, papà e mamma mi fanno concentrare soprattutto sulle attività fisiche. Così non penso alle amiche di classe che non giocano con me o ai compiti diversi dagli altri.

Torno subito al mio primo amore: il nuoto. Mi portano in una piscina poco fuori Biella perché c'è l'acqua più calda e posso stare con ragazzini della mia età o poco più piccoli. In teoria dovremmo imparare la respirazione e a fare le prime bracciate. In pratica facciamo tutto quello che ci pare. L'allenatore fa una fatica tremenda a controllarci. Io sto sempre con la testa sott'acqua!

È lo stesso anche quando mi portano al mare. Papà dice che è impossibile scattarmi una foto mentre faccio il bagno: si vede solo la mia schiena. Sono sempre in cerca di conchiglie e sassolini bianchi sott'acqua.

In questo periodo scopro anche di non essere l'unica un po' diversa. Ci sono tante altre persone come me, ecco. Le incontro sul campo di basket, il mio nuovo sport. Perché i miei genitori hanno deciso che è giusto confrontarmi anche con loro. I nuovi compagni mi hanno soprannominata "la zanzara", perché sono la più piccola ma non mollo mai: rubo palla, tiro, difendo, palleggio, faccio bei passaggi. E mi diverto. Nel frattempo mamma si intrattiene con i loro familiari, scoprendo che non tutti sono stati fortunati come me. Un ragazzo, per esempio, ha appena sconfitto la leucemia, una terribile malattia del sangue. Un altro è stato già operato due volte al cuore. Una bambina ha avuto una rara sindrome infantile da cui è guarita con massicce dosi di cortisone.

Io non so nulla di tutto questo. Anzi, sono sempre più contenta perché riprendo anche a fare ginnastica al centro La Marmora con la mia amata Anna Miglietta. Mamma ha deciso che devo essere più aggraziata, sono un maschiaccio. E anche ribelle.

– No! – rispondo ogni volta che mi chiedono di fare qualcosa che non mi va. – No, no e no!

– Sìììììììì – grido felice, però, quando mi ritrovo iscritta al corso di danza moderna insieme a Caroline. Eh be', lei è molto più piccola ma non importa. Perché ballare e ascoltare la musica è una passione, mi dà emozioni uniche. È come se ascoltassi me stessa, i sentimenti che ho dentro e poi riuscissi a tirarli fuori insieme alla mia anima. È fatica e gioia allo stesso tempo. Insomma, la danza spacca!

Trovare l'insegnante giusta non è stato facile. Ne abbiamo cambiate due perché non riuscivano a coinvolgermi. Restavo ferma a guardare le altre bambine, poi tornavo a casa e ripetevo la sequenza. Appena mamma lo scopre e domanda spiegazioni, rispondono: – Se lei non si inserisce, che cosa ci possiamo fare?

– È incredibile – ripete mamma. Ma intuisco che è un "incredibile" brutto, non come nei film della Disney.

Finalmente, proprio al centro La Marmora, appare Elisa.

– Sei la benvenuta, e ballerai come le tue compagne – mi dice con un sorriso delizioso.

Ci siamo, ora inizia il divertimento. E non finisce più. A casa io e Caroline ci chiudiamo in stanza, prepariamo una coreografia e annunciamo emozionate: – Inizia lo spettacolo! –. Andiamo in sala e ci esibiamo davanti alla famiglia. Alla fine chiediamo un giudizio. Papà risponde sempre che siamo state perfette, mamma che dobbiamo provare un altro po'. Non chiediamo altro!

A lezione mi sento un po' in competizione con Caroline. La osservo attentamente e vorrei fare sempre meglio di lei. Forse perché sono più grande e ci tengo a fare bella figura. Mia sorella non se ne accorge, è timidina. Ma la convivenza dura poco. Il gruppo inizia a crescere e la maestra Elisa ci divide in due corsi.

Mi ritrovo finalmente con mie coetanee che iniziano adesso a ballare, così io non sembro inferiore a loro. E le mie spaccate sono ancora ammiratissime, ecco.

Mi rifiuto però di salire su qualsiasi tipo di rialzo: non mi è ancora passata la paura dell'altezza. E non voglio mettermi la gonna negli spettacoli, non mi piace. Non sono bravissima nelle coreografie troppo veloci, perdo il ritmo. Infine fatico a capire quali muscoli devo usare per non piegare la schiena quando slancio le gambe. Assumo una posizione un po' curva, invece dovrei restare più dritta. Per tutte queste ragioni prendo una decisione: passo all'hip hop. Molto meglio!

Nuoto, basket, ginnastica, danza. Può bastare? Potrebbe, ma Roberta ha chiacchierato con un'amica e ha sentito parlare della Fisdir. È una sigla che sta per Federazione Italiana Sport Disabilità Intellettiva e Relazionale.

A questo punto serve una spiegazione. Tutto lo sport italiano è controllato dal Coni, un ente pubblico. La sigla significa Comitato olimpico nazionale italiano. È diviso in tante federazioni, ognuna dedicata a una disciplina sportiva. C'è la Figc (Federazione italiano gioco calcio), oppure la Fit (Federazione italiana tennis), anche la Fin (Federazione italiana nuoto) e così via. Sono tantissime e ognuna si occupa di promuovere il suo sport, sia a livello amatoriale che agonistico, sia a livello nazionale che internazionale. Però il Coni e le sue federazioni si occupano solo degli atleti normodotati.

Per chi ha qualche forma di disabilità, sia fisica che intellettiva o relazionale, esiste un "Coni speciale". Si chiama Cip (Comitato italiano paralimpico). È organizzato allo stesso modo, con tante federazioni, la differenza la fa la condizione degli atleti: ognuno ha il suo vento contrario da affrontare.

La Fisdir è una di queste. C'è dal 2009 e non si occupa di chi ha problemi di tipo fisico, come la mancanza di un arto o la paralisi di una parte del corpo. La Fisdir è speciale perché è multisportiva e segue gli atleti che hanno la mia sindrome, quelli che sono autistici e quelli considerati borderline, cioè che vivono un disagio sociale tale da non poter avere normali relazioni con le persone.

L'esistenza della Fisdir ha interessato subito Roberta. Non sta pensando di farmi diventare una campionessa, vuole solo farmi divertire. Magari posso partecipare a qualche gara. Tanto io non mi lamento mai, anche se perdo. La convince soprattutto l'idea che ragazzi come me, predisposti ad avere delle malattie, possano invece partecipare a qualcosa che di sicuro aiuta il benessere fisico. Se abbiamo la tendenza ad ingrassare, lo sport ci impedisce di diventare obesi. Le visite mediche obbligatorie e frequenti ci aiutano a prevenire eventuali patologie. E così le famiglie non devono nemmeno spendere soldi per i farmaci.

A Biella c'è una società che segue i programmi della Fisdir, è la PHB (Polisportiva Handicap Biellese). E io mi iscrivo, anzi mi "tessero", e seguo i corsi di nuoto.

Mi bastano tre mesi e so già fare le bracciate, la respirazione, le virate. E le vittorie!

I successi coincideranno con una nuova fase della mia vita. Sto entrando nell'adolescenza e sto per andare al liceo. Mi avvertono che è l'età dei dubbi, delle insicurezze. E dell'amore.

Perché la sindrome di Down è anche instabilità.

6

A lezione da Nicole

Sono due. Li chiamano "i ripetenti". Hanno 16 anni ma sono ancora in prima liceo. Sono diventati famosi perché, oltre a essersi fatti bocciare per due anni di fila, spintonano sempre le studentesse che scendono dal pullman della scuola. Si divertono anche ad attaccare i chewingum sui loro capelli o a bruciarglieli con l'accendino. Non interviene mai nessuno però, agiscono indisturbati.

– Se non la smettete, viene mio papà e vedete! – gli urlo una mattina, avvicinandomi all'improvviso e guardandoli fisso negli occhi. – E faccio venire anche mio fratello, che ha quattro anni più di me! Vi riduce come polpette, ecco.

I due bulli sono rimasti senza parole, sorpresi dal mio attacco. A me non fanno paura.

– Non abbiamo mai toccato Nicole, davvero! – si difendono spaventati, quando il preside li convoca nel suo ufficio con le famiglie. I genitori ammettono che i figli si sono comportati male con gli altri studenti. Ma aggiungono che la loro condotta è quasi angelica in confronto alle mie minacce!

Inizia così l'avventura nelle scuole superiori. Mi sento davvero grande, ora. Prendo l'autobus da sola per arrivare al liceo. Non è a Biella ma in un paese che si chiama Mosso, a una trentina di chilometri da casa. Mi hanno regalato un cellulare, così mamma può controllare che sia tutto a posto. Ma quando sono sul pullman non la sento bene, c'è troppo chiasso, parlano tutti.

– Silenziooooooo, per favoreeeee! – grido con tutta la voce che ho. Funziona. Stanno zitti finché non chiudo la telefonata. – Basta chiedere le cose con gentilezza – spiego poi a mamma. Che sta ridendo.

È stata lei a trovarmi questa scuola. Le è piaciuta perché propone stage e numerose iniziative che potrebbero essere adatte a me. Il vicepreside le ha annunciato che vogliono fare programmi specifici per chi studia e vive con una disabilità. Sembra l'unico così appassionato, però.

Dopo i primi giorni, l'insegnante di sostegno chiede stupito a Roberta perché non ho gli stessi libri degli altri ragazzi. Lei inizia a preoccuparsi: possibile che il professore non sappia che ho bisogno di testi speciali? Invece, io sono euforica. E chi non lo sarebbe di una scuola simile? Visto che fatico a seguire le normali lezioni, mi fanno stare tutto il tempo fuori dall'aula e mi offrono pizzette e patatine!

Quando in casa mi domandano se mi piace questo istituto, rispondo entusiasta: – Tutto bene! –. Dopo un paio di mesi, però, sono aumentata di una taglia. E questo per i miei è: *Tutto male!* Fanno qualche verifica e decidono di cambiarmi scuola. Torno a Biella.

Forse è meglio, così smettono di ripetermi in continuazione: – Aspettami quando scendi dall'autobus! Non muoverti! Non attraversare da sola!

Non sono più una bambina, so come ci si comporta. La gente pone troppi limiti alle nostre capacità. Finalmente lo ha capito anche mamma, dopo aver passato due ore a cercarmi disperatamente per tutta Biella. Aveva tardato all'appuntamento alla fermata dell'autobus e così sono tornata tranquillamente a casa da sola. Dove sarei dovuta andare? Ormai non scappo più come una volta.

Al rientro dalle feste di Natale sono una studentessa del liceo scientifico tecnologico IT Quintino Sella. Ci sono oltre 1.800 studenti e circa 200 professori. È super grande come scuola! E in poco tempo conosco tantissimi ragazzi. Ogni mattina voglio arrivare presto per salutarli uno per uno. Soprattutto Paolo. Ma NON parliamone!

Ho un nuovo insegnante di sostegno, Federico Fumero. Per i prossimi cinque anni sarà semplicemente "il Fumero".

Al nostro primo incontro mi sono accorta che non ha molti capelli dietro alla testa e allora ho pensato di dargli una bella pacca proprio lì.

– Che bel taglio che hai! – ho commentato mentre lo colpivo. Mamma mi ha rivolto un'occhiataccia. Volevo solo sembrare spiritosa.

La mia compagna di banco è Martina, una ragazza adorabile. Rimarrà accanto a me per tutti gli anni del liceo. Ogni tanto si alternano anche Marta, Carola e Sofia. Ci vogliamo bene ancora adesso, anche se loro frequentano l'Università in altre città. Il sabato, dopo la scuola, mi invitano a uscire con loro. Mi coinvolgono sempre, non come i compagni delle medie. Andiamo a mangiare la pizza, al cinema, a prendere il gelato.

Grazie a loro è stata super bella anche la gita di fine anno in Sicilia. Dove c'era Paolo. Ma NON parliamone.

Questa scuola spacca perché mi fanno studiare solo le materie che mi piacciono di più: italiano, storia, filosofia, biologia, scienze della Terra e inglese.

I miei prof, mamma e papà, il Fumero e una nuova neuropsichiatra hanno infatti definito il Piano educativo individualizzato. E hanno fatto una scelta per ottenere il meglio da me: sacrificare le materie logico-scientifiche. Ancora oggi, se provate a darmi dei soldi per fare la spesa, faccio confusione. Se pago con una moneta da due euro e me ne danno due da dieci centesimi di resto, sono convinta di averci guadagnato. Perché prima ne avevo una e ora due! Con i conti e la matematica non si può parlare di vento contrario. È proprio un uragano.

Le materie a me più ostiche sono state inserite al pomeriggio, per i miei compagni, così io posso uscire prima da scuola e dedicarmi a quelle che mi vengono meglio: due volte a settimana mi alleno nel nuoto, altre due nella danza e una nel basket. E in piscina comincio a collezionare le prime medaglie.

Sono iscritta come atleta della società PHB e inizio con le gare nel settore promozionale (riservato agli amatori): arrivo sempre prima. Così mi promuovono tra gli agonisti e partecipo a competizioni regionali, ogni due o tre settimane. Non vinco sempre, ogni tanto arrivo anche seconda o terza. Ma mai giù dal podio. In camera mia ho una scatola di Topolino che inizio a riempire di medaglie.

In poco tempo passo dalle gare da 25 metri a quelle da 50. Sono fortissima sia nello stile libero che nel dorso e nella rana. E me la cavo nei 100 misti, anche se il delfino...

Quando tocco il bordo della vasca e capisco di aver vinto, alzo il braccio e poi giù forte per dare un pugno sull'acqua in segno di esultanza, come fanno i campioni che guardo alla Tv. Il giorno dopo porto la medaglia a scuola. Voglio farla vedere a tutti i miei compagni. Anche a Paolo. Ma NON parliamone.

Vincere tanto mi ha dato coraggio. Lo sport ha reso forte il mio carattere. Ora, infatti, riesco a uscire dal banco per farmi interrogare. Spero sempre di prendere un voto buono, altrimenti mamma non mi farà vedere la partita dell'Inter.

Studiare non è emozionante come fare sport. Non ho sempre voglia, proprio come tutti i miei compagni. Ogni tanto racconto a casa che non ho compiti. Il giorno dopo, invece, dico al Fumero che non ho potuto studiare perché impegnata con delle visite mediche. Sarebbe una tattica da medaglia d'oro se avessi saputo prima di un dettaglio: il prof e i miei genitori si parlano quasi tutti i giorni. Mi scoprono subito. Ora devo fare doppi compiti. E niente partita in Tv.

A volte sono svogliata anche a scuola, ma spero che mamma non lo venga a sapere.

– Va tutto bene? – domando facendo la vaga, uscendo da scuola.

– Sì, perché? –. Ha già capito.

– No, niente. Ti ha chiamato il Fumero?

– No!

È solo questione di tempo. Arriviamo a casa e il telefono squilla. Chi sarà? Il Fumero, è ovvio!

Forse non dovrei dirlo ma ogni tanto copio. Scrivo dei bigliettini e li nascondo nell'astuccio oppure nelle tasche dei pantaloni. Ho osservato i miei compagni e ho capito che durante le verifiche mettono un libro sopra all'altro e si nascondono dietro alla barriera. L'ho fatto anche io. Ma una volta ne avevo messi troppi, perché quella pila altissima ha incuriosito la prof di italiano che si è avvicinata e si è messa a ridere. Il Fumero mi ha poi spiegato che ho dimostrato di saper risolvere i problemi, saper fare delle strategie e avere quindi abilità intellettive.

Se funziona così, forse non mi diranno nulla nemmeno se leggo i fumetti di Topolino in classe. Potrebbero piacere anche a Paolo. Ma NON parliamone!

E be'! Se copio mi dite brava, se leggo i giornalini mi rimproverate. Già vivere controvento è complicato, almeno spiegatemi la strada giusta!

Quando non ci capisco più niente, mi confido con Bruno Piccolo. È il mio nuovo allenatore di nuoto. Lo vedo nella piscina comunale di Biella. Mi fa molto ridere, dice che sono un po' zingara perché arrivo sempre in disordine, con la cuffia tirata male, gli occhialini storti o addirittura senza. Ma per lui questa è perfezione: troppa assistenza nasconde le potenzialità di un atleta. I miei genitori, invece, non sono mai stati apprensivi. Bruno sostiene inoltre che sono dotata di ottime capacità motorie e ho tempistiche di apprendimento molto rapide. Meglio anche di certi ragazzi che non vivono controvento. Complimenti a parte, litighiamo in continuazione.

– Non ascolti i miei consigli – mi rimprovera lui.

– Perché faccio meglio così – replico io.

– Non è vero, eri lenta.

– Invece no!

Andiamo avanti per un po'. Ci offendiamo e non ci parliamo più. Ma dopo pochi minuti facciamo pace. È brutto quando ci sono nuvole sull'amicizia. Mi scuso, faccio come dice lui e torno felice.

Sono meno contenta solo quando perdo. Guardo con la faccia da cattiva chi ha vinto. Sembra che sia furiosa, arrabbiata con lei. Invece ce l'ho solo con me stessa.

Di solito sono sempre gentile con le mie avversarie. Con le ragazze che incontro per la prima volta ci facciamo sempre la stessa domanda: – Tu sei forte?

Quando lo chiedono a me, rispondo: – Sì, molto forte! E oggi vinco io! –. Non è presunzione, è che io non ho paura di nessuno. Sono più autonoma di molte avversarie e, negli attimi prima di entrare in acqua, riesco a isolarmi da tutto e concentrarmi. Chiudo gli occhi e penso a come nuoterò, con quale bracciata effettuare la virata, a che livello far partire le gambe. E più la competizione è importante più riesco a mantenere alta la concentrazione.

È lo stesso quando ci sono le verifiche a scuola. Le faccio contemporaneamente ai miei compagni anche se le mie sono un po' diverse. Le preferisco alle interrogazioni, non sono mai riuscita a parlare bene come gli altri. Per questo ho sempre un po' paura quando i prof mi chiamano.

Tranne quel giorno in cui sono rimasta in piedi per tanto tempo davanti a tutti. Non ero interrogata, ero io l'insegnante... La prof di scienze, Nicole Orlando!

Un mese prima, la vera professoressa di scienze ha telefonato a mamma. Le spiega che dovranno parlare delle diversità genetiche. Un'ipotesi sarebbe quella di lasciarmi a casa quella mattina, così da non sentire quando si parlerà della mia sindrome. Ma ha anche un'altra proposta: potrei fare io la lezione e spiegare che cosa significa avere la sindrome di Down.

Mamma ci pensa un po', l'idea le piace. Ma con me non è più stato affrontato l'argomento dai tempi delle scuole medie. Sono passati tre anni. Decide di consultarsi con gli esperti del Coordown, un organismo che coordina tutte le associazioni che sono nate in Italia intorno alla sindrome di Down. Ci collabora gente speciale e disponibile. Infatti le danno subito dei consigli, avvisandola però di un rischio: alcuni ragazzi sono caduti in depressione dopo aver sentito la spiegazione della loro diversità.

È molto tesa, la mamma, quando decide di riparlarne

con me. Siamo in piscina per seguire l'allenamento di alcuni miei amici. Fa un sospiro profondo, per prendere coraggio e poi mi domanda all'improvviso: – Niki, sai perché non riesci a fare tutto?

– Perché non si può fare tutto – rispondo tranquilla, senza distogliere lo sguardo dai miei amici che stanno nuotando.

– Certo, ma hai capito perché alcune cose proprio non ti riescono?

– No.

– Perché hai la sindrome di Down.

– Ah, ecco perché!

– Quindi sai di che si tratta?

– No.

– Significa che tu hai un cromosoma in più. Una piccola cosina, che però ti porta ad avere qualche difficoltà.

– Ah!

È finita così. Esattamente come l'altra volta, non mi interessa sapere di più. Che sia un cromosoma o altro, a me va bene essere come sono.

Anzi, mi esalta la proposta di fare lezione. Da sempre mi piace essere protagonista.

Con il Fumero ci prepariamo all'evento per bene. Quando arriva il gran giorno mi aiuto anche con il computer per far vedere le immagini. Parlo per mezz'ora! Racconto cos'è la Trisomia 21, spiegando ogni cosa con i giusti termini scientifici. Dico che sono stata fortunata perché non mi sono mai venute malattie, non sono mai stata ospedalizzata e che la mia difficoltà principale è nello studio.

Mi ascoltano tutti con grande attenzione. Mi fanno anche tante domande. Un compagno aggiunge che la mia condizione è stata un esempio per tutti loro: hanno imparato da me a lasciarsi andare, a essere più disinvolti e a dire quello che pensano senza filtri. Come faccio io. Ma soprattutto gli ho insegnato a provarci sempre, a non mollare mai. Perché è vietato dire *non ce la faccio*. Alla fine della lezione mi fanno un grande applauso. Come sono felice! Sta battendo le mani anche Paolo.

Paolo... Ma sì, parliamone. Quando lo vedo mi batte forte il cuore. Lui è sempre carino e gentile con me. E anche molto imbarazzato. Ha capito che sono interessata a lui e ha paura che io possa rimanerci male, soffrire per causa sua. Ma non deve, ho già intuito che per lui sono solo una compagna di classe. E i prof mi hanno spiegato che capita a tutti nella vita di provare qualcosa per una persona senza essere ricambiati. Nessun problema, a me basta essere sua amica.

E poi ci sono tanti ragazzi belli a scuola per cui arrossire quando mi guardano. Perché la sindrome di Down è anche passione.

7

Una nuova passione

Sono immobile davanti allo specchio. Osservo i miei occhi, hanno una forma strana. Fisso il mio seno, è quasi inesistente. Scopro la pancia, non è piatta. Faccio tanto sport eppure tendo a gonfiarmi, anche sulle gambe. Stendo le braccia davanti a me e metto una mano accanto all'altra. L'immagine riflessa mi conferma che sono piccole, con le dita corte. Resto spesso così, ferma davanti alla mia immagine. Anche se lo desidero tanto, però, non basta a vederla cambiare.

In questo periodo mi capita di avere dubbi su me stessa. Mi sento meno sicura del solito. Ho bisogno di capire, ecco.

– Sono bella, papà?

– Sei bellissima, tesoro.

– Ti piacciono i miei occhi?

– Sono favolosi!

– Devo fare un po' di addominali?

– Sei perfetta così.

– Perché non mi cresce il seno?

– È meglio, nello sport è un ingombro. Hai mai visto atlete vincenti con il petto grande?

– Mi racconti come sei riuscito a far innamorare la mamma? Mi piacerebbe tanto avere un fidanzato!

– Eh no, lo sai che sono geloso!

– E tu sai che sei il mio pagliaccio simpatico!

Papà mi fa ridere sempre e io smetto di essere di cattivo umore. Anche se, in realtà, non confesso tutti i segreti neanche a lui. Ho un diario nascosto nella libreria in camera mia, è infilato sotto una pila di libri. Non può toccarlo nessuno. Ci copio testi di poesie o di canzoni che mi piacciono.

In quelle pagine scrivo anche che vorrei essere più affascinante, più femminile. Proprio come quelle donne meravigliose che si vedono in Tv o sui giornali. Forse dovrei truccarmi o indossare vestiti più eleganti come fanno loro. Li scelgo sfogliando le riviste e poi li mostro a nonna Fiorella, che è una sarta e potrebbe rifarmeli. Mamma, invece, mi fa mettere solo i pantaloni, dice che è una precauzione: ho sempre voglia di fare la ruota o la verticale e con la gonna non è il caso!

Spesso chiedo consigli ad Anna Miglietta, mi fido molto di lei. Ora le confesso le ansie per il mio aspetto fisico.

– Ma cosa credi Nicole? Il risultato di una vita non dipende da un bel corpo – mi spiega convinta. Quasi urla, per la passione che mette nel suo discorso: – La bellezza esteriore è effimera, non dura per sempre. E tu sei meravigliosa perché sei un fiore che sta sbocciando, stai per diventare una donna vera, ricca di qualità: sei gioiosa, sei autoironica, sai apprezzare le piccole cose. È questo che conta.

E proprio quando sono travolta dai dubbi e temo di essere poco attraente, un ragazzo inizia a interessarsi a me. Lui ha 18 anni, io quasi 17 e sono appena diventata campionessa italiana di nuoto.

Ho passato dei giorni di gare intensi a Pugnochiuso, in Puglia. Ho incontrato tante nuove persone e vinto addirittura due medaglie d'oro ai campionati italiani agonistici di nuoto della Fisdir: nei 50 metri dorso e nei 50 stile libero. Credevo che quei successi fossero l'emozione più grande di un'estate appena iniziata. Mi sbagliavo.

Lui viene da Ivrea, ha i capelli rossi e tante lentiggini. Lo conosco durante un corso di autonomia. Li organizza mia mamma che, insieme ad altri genitori, ha dato vita a Biella a un'associazione simile a quella di Milano, si chiama a.gen.d.a. Con l'aiuto di alcuni educatori impariamo a rifare i letti, a preparare da mangiare, a fare shopping usando i soldi veri. Ci consegnano una piccola somma e noi dobbiamo spenderla scegliendo un regalo per qualcuno che ci sta a cuore. Lui decide di farlo a me. E io decido di farlo a lui. Lui ha piacere di farmi anche una telefonata. E io ho piacere di richiamarlo.

Ogni tanto salta gli incontri, che delusione! Cerco di informarmi ma mi rispondono che forse è impegnato come me, che vado a scuola e ho tanti allenamenti da fare.

Tra un incontro e l'altro sogno di andare a vivere con lui a Ivrea. La prima volta che lo rivedo, glielo confesso. Così lui promette di portarmi le riviste immobiliari dove cercare un appartamento tutto per noi. Dall'emozione mi sembra di avere le farfalle che sbattono le ali dentro la pancia e, quando mi bacia per la prima volta, sento il cuore diventare più grande, immenso.

È un ragazzo in gamba, mi vuole bene davvero. E fa una cosa strana, mamma dice che ricorda i vecchi tempi. Invece di mandarmi le mail, mi scrive delle lettere di carta, che porta il postino. Appena ne ricevo una, corro radiosa da papà: – Senti come mi batte il cuore! Mi ama, ha scritto che mi ama! Lo so che mi vorresti sempre a casa con te, ma ora devo pensare al mio futuro. L'amore è libertà! Lui troverà un lavoro e io preparerò da mangiare. Poi guarderemo la Tv abbracciati insieme sul divano. Non è bella così la vita, papà? Ah, l'amour!

Poi però lui ricomincia a saltare gli incontri. Allora lo chiamo al cellulare, ma mi risponde sua mamma. Mi spiega che non può parlare e che mi richiamerà presto. Però non succede.

Finché un giorno mamma decide di raccontarmi la verità. Non è stato bene, lo hanno dovuto operare all'intestino, per questo non poteva parlarmi. Ma ora è tutto risolto, è in gran forma. Solo che la sua famiglia ha scelto di non portarlo più ai nostri incontri. Allora provo a richiamarlo, così gli chiedo se posso andare a trovarlo io a Ivrea perché i suoi ricci rossi mi mancano troppo.

Stavolta mi risponde, dice che anche lui ha voglia di rivedermi. E soprattutto che sarebbe felice di presentarmi la sua nuova ragazza.

Ma io non ho mica voglia di conoscerla questa tizia. E non ho più nemmeno voglia di rivedere lui. Ho anche dimenticato come si chiama, ecco!

Per fortuna c'è una nuova passione che mi fa battere il cuore ancora più forte. E ha un bellissimo nome: atletica. Ci siamo incontrati a scuola ed è stato amore a prima vista!

I prof ci portano spesso a fare educazione fisica all'aperto e alcuni insegnanti notano il mio modo di correre. La tecnica può migliorare, certo, ma scatto bene, sono coordinata, ho una buona progressione. I miei genitori vengono subito informati di questo nuovo talento nascosto.

– Ci manca anche l'atletica! – sospirano.

Non hanno tutti i torti: oltre a nuoto, danza e basket (che sto per lasciare), ho iniziato anche a giocare a tennis, pallavolo e ping pong. Poi mi sono iscritta a un corso di musical, ci vado con Michel. Ah, dimenticavo: ho vinto pure un torneo di golf!

Lasciano comunque decidere me. Che, naturalmente, non vedo l'ora di fare questa nuova esperienza ai campionati studenteschi riservati ai ragazzi con disabilità.

Alla vigilia dei miei primi 100 metri, gara valida per la conquista del titolo provinciale, nessuno sa esattamente che cosa aspettarsi da me. Non ci sono dubbi che io sia brava nel nuoto e che la ginnastica fatta da bambina sia stata un'ottima base per affrontare ogni sport, mi ha dato la coordinazione e mi ha insegnato la concentrazione. Ma questa è una sfida completamente diversa.

L'unica tranquilla sono io. La scarica di adrenalina che provo entrando in pista è indescrivibile.

Le capriole in acqua restano il mio esercizio preferito in assoluto, però nell'atletica posso condividere il divertimento con i ragazzi che si allenano con me. Possiamo parlare più di quanto non accada in piscina, ci scambiamo

La foto che mi ha cambiato la vita: è l'attimo in cui dedico il Mondiale a nonna Fiorella, che non c'è più

Eccola nonna Fiorella, mi ha riempito d'amore fin da subito

Quante coccole anche da nonna Giovanna!

Mamma e papà mi presentano a Michel. Mio fratello mi trova subito un affettuoso soprannome: bestiaccia!

Mi sono rotta un braccino cadendo dallo scivolo!

I libri, che grande passione. Anche se ancora non so leggere...

Visto che salti mi fa fare
la mia Anna Miglietta?!

Un'estate indimenticabile
alla Capitaneria di Porto di Savona

Quante litigate, ma quanto bene
ci vogliamo Michel, Caroline e io!

Eccomi con i compagni
della Nazionale al Mondiale in Sudafrica.
Vinceremo tantissime medaglie!

Un salto alla Pinetina,
in casa Inter, a conoscere
i miei campioni preferiti

Che divertimento a *Ballando con le stelle*
in coppia con Stefano Oradei

© Venturelli/gettyimages

Quanti inviti emozionanti!
Prima al Festival di Sanremo
con Carlo Conti....

...poi al Quirinale dove ho regalato
la maglia azzurra al Presidente della Repubblica
Sergio Mattarella

...ancora al Quirinale, per la festa della Repubblica, con il Presidente del Consiglio Matteo Renzi

Mi accompagna sempre un cavaliere molto speciale: nonno Sandro

Perfino al Vaticano, per regalare
il mio leoncino portafortuna
a Papa Francesco

Un salto da record del mondo!

Vittoria e primati anche
alla nostra Olimpiade speciale:
i Trisome Games di Firenze

sorrisi e, anche se siamo sfiniti, non vediamo l'ora di continuare. Ci piace sentire i muscoli diventare sempre più forti. Dopo un intero giro di campo, quando il dolore alla milza vorrebbe fermarmi, non mollo mai. Né mi informo sui tempi che realizzo in allenamento. So che il meglio lo darò comunque in gara.

Cioè adesso. Sono sul blocco di partenza. E sono felice. I miei compagni e il prof di ginnastica stanno facendo il tifo per me. Pronti? Via! Corro, anzi volo! E vinco.

Grazie a me, il liceo Quintino Sella di Biella è campione provinciale. Qualche settimana dopo gli consegno un altro trofeo: quello di numero 1 della Regione Piemonte.

C'è di più: mamma ha verificato le mie prestazioni con i primati italiani assoluti, non solo scolastici, che ha trovato sul sito della Fisdir. Pare che io sia tra le ragazze più veloci a correre controvento. Ottengo risultati interessanti anche nel salto in lungo e nel lancio del peso.

Perché non provare a volare un pochino più in alto? Magari con un bravo allenatore.

Ne discutiamo a casa durante la cena. Siamo tutti e cinque intorno al tavolo ma né Michel né Caroline mostrano lo stesso entusiasmo di mamma e papà nel commentare le mie ultime imprese sportive. Se gli chiedono un parere, rispondono freddamente: – Per noi è uguale –. Hanno undici anni di differenza, eppure sembrano pensare, ragionare e comportarsi allo stesso modo. Ma forse ho capito perché sono così seri.

Qualche giorno fa ho ascoltato una strana conversazione. Mamma e Michel sono sicuri che io stia dormendo in camera mia e, a dire la verità, vorrei proprio riposare un po' dopo gli allenamenti, come faccio sempre. Ma sono molto nervosa. Allora mi alzo per cercare il mio iPod e ascoltare un po' di musica. Quando non è sul comodino sta sicuramente sul letto sopra al mio, quello in cui dorme Caroline. Lo prende sempre senza chiedermi il permesso, non lo rimette a posto, io mi arrabbio e litighiamo. Però stavolta non è lì. Allora c'è solo un'altra possibilità: lo ha preso Misci. Nemmeno lui lo rimette a posto.

Sto per entrare nella sua stanza ma mi blocco improvvisamente, ho paura di disturbare perché si sta lamentando con mamma di qualcosa.

– Lo so che tu e papà cercate di trattare tutti allo stesso modo, ma quel che di buono facciamo io o Caroline avrà sempre un peso diverso rispetto a quanto riesce a ottenere Nicole. Io ci sono passato e capisco le difficoltà di Caroline: si sente una figlia di serie B.

– Non è vero e lo sapete! Ormai la state usando come scusa quando volete ottenere qualcosa – reagisce mamma. Dal tono della voce, però, si capisce che è ferita da quelle parole.

– Ci dite sempre che va trattata come una persona uguale a tutte le altre. Invece siete voi i primi a fare dei favoritismi. Niki è sempre al centro dell'attenzione in casa e nemmeno ve ne accorgete. Ora che ho 21 anni ne comprendo il motivo e sono certo che, se avessi un figlio con la sindrome di Down, farei tutto quello che avete fatto voi. Ma Caroline ha 10 anni, ha bisogno di maggiori attenzioni – conclude Misci.

Mamma non risponde più.

Torno in camera, cercherò dopo l'iPod. Capisco che è il suo punto di vista, ma non sono tanto d'accordo con mio fratello. Quando prendo le matite colorate, le gomme o i braccialetti di mia sorella, i genitori mi sgridano sempre. Se lascia i suoi vestiti sulla mia scrivania e io mi arrabbio - e mi arrabbio proprio tanto - mi dicono di avere pazienza. Però, anche se litighiamo tutti i giorni, io e Caroline ci vogliamo molto bene lo stesso. E continuiamo a farlo anche adesso che siamo due giovani donne.

Io la ammiro, perché lei è dolce e carina e mi dà tanti consigli sull'abbigliamento. Le dico sempre che è la mia stilista preferita. Carolingia, invece, ripete sempre di invidiarmi perché riesco a fare tutto quello che voglio. E adora la mia capacità di vedere il bene in ogni cosa. Io le racconto anche di quando mi innamoro e dei ragazzi belli che ho conosciuto. Lei invece di queste cose chiacchiera solo con le compagne di scuola o di pallavolo. Però mi aiuta quando voglio truccarmi. E le do sempre un bacino quando è triste o nervosa.

Se fosse qui adesso, sarebbe la prima a sapere perché non riesco a riposare. Perché sono così eccitata da non riuscire a rilassarmi.

Tornando dagli allenamenti mamma mi ha annunciato che, appena finita la scuola, partirò da sola per un "campo giovani" proposto dal Governo. Trascorrerò una settimana su una barca alla Capitaneria di Porto di Savona per capire e conoscere una realtà operativa, una professione. Con me ci saranno altre due ragazze, Claudia e Cristina: non hanno alcun tipo di disabilità ma mi hanno già inviato un messaggio: "Non vediamo l'ora di conoscerti!".

Perché la sindrome di Down è anche amicizia.

8

Scarpe da medaglia

– Mi raccomando, Niki, tieni sempre il cellulare acceso! –. Papà lo ripete all'infinito, mentre mi consegna la mia valigia da "zingarella". È il soprannome che mi ha dato nonna Fiorella perché sa che partirei sempre, adoro viaggiare.

– Sì sì, grazie. Ora puoi anche tornare a casa! – gli rispondo frettolosamente mentre mi guardo attorno, ansiosa di incontrare le mie due nuove amiche. Mi hanno anticipato che una ragazza è piemontese come me, l'altra è toscana. Sono davvero emozionata e spero di trasmettere anche a loro la mia allegria, ecco.

Intanto papà mi ricorda che è stata scelta Savona apposta per la vicinanza con casa: – Se dovessi avere un problema, ti basterà fare uno squillo e ti raggiungeremo al volo.

Tra le alternative alla Capitaneria di Porto c'erano la Croce Rossa, la Marina Militare e i Vigili del Fuoco. Inizialmente, il funzionario del Ministero di Roma con cui ha parlato mamma le aveva suggerito di cambiare meta. Pensava che alla Croce Rossa avrei avuto maggiore assistenza, vista la mia disabilità, sottolineando che le camere in Capitaneria sono piccole.

– Mia figlia ha la sindrome di Down, non è un gigante! – aveva reagito un po' nervosa mamma, comunque abituata a sentire affermazioni surreali sulla mia condizione. Allora ha chiamato direttamente la Capitaneria, dove si è sentita finalmente rispondere: – Aspettiamo Nicole a braccia aperte!

E così è stato per davvero. La felicità e il divertimento di quei giorni mi hanno fatto dimenticare tutto il resto. Soprattutto di ricaricare il cellulare: la mattina dopo l'arrivo era già spento.

Amicizia, allegria, voglia di giocare sono le protagoniste di quella settimana. Dormo nella stessa stanza di Claudia e Cristina e facciamo sempre tutto insieme: siamo una vera squadra. Anzi, un vero equipaggio! Impariamo a fare le uscite con le motovedette, le verifiche nelle pescherie, le operazioni di soccorso. E la sera andiamo in giro per il porto accompagnate da una marescialla!

Un giorno ci fanno salire a bordo di una nave da

crociera. È talmente grande che non riusciamo a vederne la fine. Dopo averci spiegato come funziona l'organizzazione di un simile gigante del mare, veniamo addirittura invitate a pranzo dal comandante. Le mie due compagne sono un po' intimidite dalla situazione: siamo sedute attorno a una grande tavola rotonda, coperta da una tovaglia bianca, insieme ad altre persone tutte vestite con un'elegante divisa bianca. E ci servono da mangiare dei camerieri con i guanti bianchi. Con tutto questo bianco abbagliante servirebbero gli occhiali da sole. Che lusso! E che piatti che mi mettono sotto al naso!

– Posso avere il bis del dolce?

Vengo accontentata subito. Finita la seconda fetta di torta, mi butto indietro sulla sedia, allargando le braccia, sazia e soddisfatta. – Questa sì che è vita! – esclamo compiaciuta.

I signori in divisa scoppiano a ridere.

Appena rientriamo in Capitaneria, il vicecomandante mi aspetta con il pallone in mano. È interista come me e la sera facciamo sempre una partitella con alcuni marinai. Lui mi passa la palla e io vado in gol. Per esultare faccio la ruota e tutti mi guardano a bocca aperta, sbalorditi dalla mia agilità. Claudia e Cristina battono le mani entusiaste e poi cercano di trascinarmi a dormire: non andrei mai a letto per quanto mi sto gustando ogni istante.

Il legame che ci ha unito in quei sette giorni non si è mai spezzato, nei due anni successivi abbiamo ripetuto l'esperienza e ci sentiamo ancora oggi.

Al rientro a scuola tormento i miei poveri compagni con i racconti della splendida vacanza: non mi sopportano più! Per liberarsi di me, mi suggeriscono di aprire un blog dove posso scrivere questa e tutte le altre belle esperienze che avrò modo di fare. Viaggi, feste, cene, ricette sono gli argomenti di cui preferisco parlare. Preparo prima una brutta copia, poi la correggo, infine pubblico il testo. Si chiama "Il diario di Nicole" ed è ancora attivo. Lo aggiorno anche con i miei risultati sportivi.

Agli ultimi campionati italiani di nuoto in vasca lunga, organizzati dalla Fisdir a Pesaro, ho vinto l'argento nei 50 dorso e il bronzo nei 50 stile.

Trascuro un po' il blog solo quando "lavoro". Per prepararmi a uno sbocco professionale quando finirà la scuola, il Fumero e i miei genitori infatti mi fanno fare alcuni stage. Scopro così la dolcezza e la simpatia dei nonnini delle case di riposo. Vado a trovarli ogni mattina e gli porto il giornale per leggerlo ad alta voce. Loro ormai non sentono più tanto bene e mi urlano: – Parla più forteeeee! –. E poi scoppiamo tutti a ridere. Li riempio di abbracci, so che gli fa piacere. Sono meravigliosi, ecco.

Per un periodo faccio la stessa cosa con i bambini: gli leggo le favole in una libreria. Mi si gonfia il cuore d'amore quando osservo le loro faccine incantate e lo sguardo di dispiacere appena la storia è arrivata alla fine. – Un'altraaaaaa – mi gridano in coro. Abbraccio tanto anche loro. Ci so fare con i piccoli.

Per questo Michel mi chiede di fargli da assistente quando va a insegnare musical nelle scuole elementari e medie. Lo aiuto nel preparare gli spettacolini.

– Vi conviene fare come dice Nicole, perché mia sorella ha gusti molto particolari: mangia i bambini! – li avverte lui scherzando. Loro ridono, ma sotto sotto sono anche un po' intimoriti. Nel dubbio, obbediscono.

È durato troppo poco però lo stage più bello. Che poi non è esatto dire "il più bello": meglio "il più dolce", "il più cremoso", "il più goloso". Ho fatto la commessa in una pasticceria di Biella. Indimenticabile per me, ma anche per i titolari. Più che ricevere un aiuto, in realtà gli è arrivato un lavoro in più: controllare che non divorassi tutto. Prima di uscire, mamma mi ricorda che non devo mangiare i dolci perché tendo a ingrassare, e io le garantisco che non toccherò nulla. Appena entro nel negozio, però, chiedo di fare merenda. Ma non una merenda al giorno. Una merenda ogni ora!

– Devo mangiare spesso. Noi atleti abbiamo bisogno

di zuccheri! – cerco di convincere i miei pazienti datori di lavoro.

Vengo smascherata presto, purtroppo, "multata" per eccesso di golosità e portata via dalla pasticceria.

Per smaltire tutti i bignè che mi sono mangiata, mi mettono sotto con gli allenamenti. Sta per iniziare una primavera piena di gare. Dal lunedì al sabato non ho un pomeriggio libero.

A livello nazionale, l'impegno con le gare della Fisdir sta per diventare doppio con la novità dell'atletica. Anzi, quadruplo: i campionati italiani di nuoto si fanno ora prima in vasca corta (piscina da 25 metri) e poi in vasca lunga (50 metri), quelli di atletica sono prima indoor (al chiuso) e poi outdoor (all'aperto).

Intanto non fanno più notizia le due medaglie d'oro (50 dorso e 50 stile libero) e l'argento (100 misti) conquistati agli assoluti in vasca corta di Loano. Anche se per me il gusto della vittoria è sempre squisitamente dolce come una meringa.

A casa c'è gran fermento per l'imminente esordio ai campionati indoor di atletica, si svolgeranno a marzo ad Ancona. La zingarella è pronta a preparare nuovamente la valigia!

Quando arriviamo all'impianto sportivo che ci ospita, siamo in tantissimi. In mezzo alla pista ci sono le attrezzature per disputare ogni specialità. È tutto blu e giallo, anche le corsie della pista.

Io partecipo a due gare, i 60 metri piani e il salto in lungo. Mamma mi dice di stare tranquilla e di non rimanerci male in caso di sconfitta. Perché a questo evento sono presenti atlete che gareggiano a livello nazionale già da anni e hanno più esperienza di me.

– Sei tu che non devi preoccuparti – la rassicuro con molta determinazione. Poi voglio essere lasciata sola a concentrarmi.

Vinco entrambe le prove e nella mia scatola di Topolino stanno per entrare due nuove medaglie d'oro. E c'è anche un'altra cosa, che però non posso metterci, perché non si può tenere in mano o al collo. Ma è ugualmente sensazionale: il record italiano nel salto in lungo, 2,79 metri!

Mentre i miei genitori mi abbracciano entusiasti, telefona Caroline.

– Nicole ha vintoooo! E ha fatto il record italiano nel salto in lungo!! – strilla mamma eccitata.

– Wow! Bravissima – risponde la mia sorellina. Però non ha chiamato per sapere della gara: è da un'ora che sta mettendo sottosopra la casa in cerca delle sue scarpe da ginnastica.

– Sai dove possono essere finite? Devo andare a pallavolo, mi servono! – domanda agitata Caroline.

Lo sguardo di mamma scende subito verso il basso, diretto ai miei piedi. Ha un sospetto...

– Niki, sei sicura che sono tue, le scarpe che porti?

– Ti sei accorta anche tu che mi stanno molto grandi, vero? Che strano...

– Certo che sono grandi, sono di tua sorella! Hai vinto con scarpe di due misure in più delle tue! – esclama incredula.

Considerando questo dettaglio, la mia impresa appare ancora più straordinaria. Ma non è quello a cui sto pensando. In questo istante le mie vittorie non contano più. Sono solo dispiaciuta per mia sorella che quel giorno non potrà andare a pallavolo a causa mia.

– Scusami Carolingia – dico a bassa voce, dopo essermela fatta passare.

– L'ho sempre detto che per te nulla è impossibile! – sghignazza lei.

Al rientro a scuola nessuno mi chiede come è andata. Le due medaglie che brillano al mio collo sono la risposta migliore. In classe vengo accolta dall'applauso dei compagni. Mi copro il viso con le mani, sento che sto diventando rossa. Però mi esalta essere al centro dell'attenzione. Mi fa sentire speciale, ecco.

Tocca al Fumero richiamarmi all'ordine, si sta avvicinando l'esame di maturità, bisogna prepararsi bene. Negli ultimi due anni sono diventata completamente autonoma nello svolgere i compiti che mi assegna. Lui entra in classe, mi dice che cosa devo fare e se ne va. Torna solo per controllare i miei lavori, che sono sempre ordinati e precisi.

Sarà dura però mantenere la concentrazione con quello che sta per succedere.

I primi a intuirlo sono i responsabili della mia società sportiva, la PHB. È a loro che arriva una mail dalla Fisdir in cui vengono richiesti dei documenti su di me. La domanda viene inoltrata a mamma, che per poco non sviene dall'emozione. Telefona subito a papà, che per poco non sviene dall'emozione. E quando lo dicono a me… esatto! Per poco non svengo dall'emozione. Sono stata convocata in Nazionale!!

Se non è chiaro, mi spiego meglio: rappresenterò l'Italia agli Europei di atletica! È naturalmente il campionato riservato agli atleti con sindrome di Down ed è in programma a luglio a Roma, dove sfiderò avversarie di altri Paesi!

– Niki, tu indosserai la maglia azzurra! – commentano orgogliosi i miei fratelli.

Quando mamma telefona alla Fisdir, parla con il responsabile dell'ufficio stampa Walter Urbinati. Lui è destinato a diventare il mio angelo custode con le ali verdi, bianche e rosse, come la bandiera italiana. Conferma subito che la convocazione è reale e che si è deciso di puntare su di me perché ho mostrato di avere qualità superiori a tanti altri atleti. Fisicamente sono più alta della media, il nuoto mi ha rinforzato la struttura fisica e la ginnastica mi ha resa più elastica. Mettendo insieme tutti questi elementi, potrebbe uscirne una potenziale campionessa.

La mia timidezza iniziale passa col trascorrere del tempo e lascia spazio a una sportiva grintosa, pronta ad ascoltare ogni consiglio per sfruttare al meglio le proprie qualità.

– Nicole sa che può perdere, ma non vuole. Questa è la differenza tra un buon atleta e un campione – conclude Urbinati.

La conferma alle sue parole arriva un mese dopo. C'è un altro appuntamento, stavolta con i campionati nazionali outdoor. Allo stadio di Pescara indosso le scarpe della misura giusta. Confermo la medaglia d'oro nel salto in lungo e vinco i 100 metri, realizzando il nuovo primato italiano in 17 secondi e 33 centesimi.

Prima di volare agli Europei di Roma, però, c'è un'altra gara da vincere. Si disputa a scuola e sarà l'ultima.

Perché la sindrome di Down è anche maturità.

9

Una sorpresa azzurra

Ho tanti timori prima dell'esame di maturità. Dovrò sostenere tre prove scritte al computer e un'interrogazione orale. Spero proprio di riuscire a parlare bene.

Ma divento più fiduciosa dopo l'incontro con una dottoressa. Se dovessi fare la top ten delle sciocchezze che mi sono state dette fin dalla nascita, lei si aggiudica di merito la posizione number one! E quindi mi dico: «Se è riuscita a laurearsi lei, io spaccherò all'esame».

Ogni anno mi devo sottoporre alla "visita di revisione", serve per avere l'indennità di accompagnamento. Tradotto, significa un piccolo sussidio economico concesso a chi ha una disabilità: a seconda dei casi, infatti, si può avere bisogno di comprare tante medicine o di fare spesso controlli e visite mediche. Per ottenerlo devo dimostrare di avere ancora il mio problema. E già questa è un'assurdità, perché si sa che la sindrome di Down non passa. La dottoressa incaricata di fare la verifica mi pone diligentemente le sue domande.

– Quanti anni hai?

– Diciannove.

– Vai a scuola?

– Sì.

– Che classe frequenti?

– La quinta.

– Elementare?

– Liceo! Perché dovrei frequentare la quinta elementare a 19 anni?

Silenzio. La dottoressa non sa che cosa rispondere, è in evidente imbarazzo. Poi accenna qualche scusa, bofonchia parole che non capisco. Ma non me la prendo. Prima o poi lo capiranno che il vento ci rallenta ma non ci ferma.

Infatti l'esame di maturità è un successo: il voto è un 100 tondo tondo. E me lo sono meritato, ho studiato tanto, non è stato un regalo da parte della commissione. Anche perché quello che ho ottenuto non è un vero diploma. Io non potrei andare all'Università come i miei compagni di classe. Il mio è un attestato di frequenza: mi sono mancati i requisiti minimi. Una decisione presa fin dal primo anno di superiori dalla mia famiglia e dai prof, che hanno preferito non farmi studiare le materie che rappresentavano un ostacolo troppo grande per me, come la chimica.

Adesso mi aspetta la mia Università speciale: quella dello sport! Sono stata fortunata ad avere questo sbocco perché, con la fine della scuola, diminuisce anche il sostegno per le persone con la mia sindrome. E per molte famiglie è un problema serio.

Gli assistenti sociali organizzano degli stage in vista di un possibile lavoro. A Biella, però, sono davvero molto noiosi. Ci fanno fare sempre le stesse cose: riconoscere la differenza tra mattina, pomeriggio e sera o imparare a imbustare il pane o le arance. Ma basta, non siamo bambini! Alla fine ci stufiamo, non diamo retta alle assistenti che, di conseguenza, pensano che siamo degli incapaci. E la volta dopo si ricomincia con lo stesso programma. Quando mamma fa notare questi problemi, le rispondono che io per esempio non ho la cognizione del tempo.

– E come mai quando torno dal lavoro alle 13 trovo sempre un piatto di pasta caldo, appena preparato da Nicole? – domanda lei un po' nervosa. E poi spiega che sono perfettamente in grado di controllare la cottura perché Caroline mi ha mostrato come impostare il timer sul tablet. Io vorrei aggiungere che sono anche bravissima a fare le pulizie. Ma sto zitta, non vorrei che poi mi chiedessero di lavare i piatti: odio l'unto.

Comunque ora non voglio pensarci, perché sto tornando a fare la zingarella: è arrivato il momento di andare a Roma! Dovrò indossare la maglia azzurra e provare a conquistare medaglie per l'Italia!

Mi spiegano che le mie avversarie più forti ai campionati nazionali stanno ora per diventare compagne di squadra. Non l'ho capito molto bene, però intuisco che avrò presto nuove amiche. E questo è fantastico, ecco.

I miei genitori mi accompagnano fino all'albergo, vicino allo stadio militare della Cecchignola. Appena entriamo, mi vengono incontro le persone della Fisdir che mi consegnano uno zainetto azzurro: all'interno c'è la mia nuova divisa. Che emozione, lo stringo con amore, come se fosse un neonato.

Poi mi giro verso mamma e papà e li liquido in fretta. – Ora potete andare, poi vi racconto che cosa ho mangiato. Ciao!

Loro rimangono a bocca aperta ma non gli resta che lasciarmi lì. Sono un po' preoccupati, non conosco nessuno, potrei avere qualche problema. Uno scrupolo inutile.

Se ne rendono conto il giorno dopo. Quando mi rivedono, sono già in campo in testa al gruppo azzurro, con la bandiera in mano e tutti gli altri in fila dietro di me. Gli si avvicina ridendo Walter Urbinati per commentare la scena: – Vostra figlia è una trascinatrice, proprio una gran casinista!

intorno a me che sono inginocchiata a terra e non trovo il coraggio di aprirlo.

Inizio a tirare fuori una montagna di bustine. Dentro ci sono le magliette, le felpe, i pantaloni, i calzoncini, le canottiere, i calzini, le scarpe, ecc.

– Guardate qui, è la nuova maglia azzurra! – esclamo allungando la mano. Appena qualcuno fa per prenderla, la ritiro subito.

– Non toccate, è mia!

E poi ancora: – Guardate qui, i pantaloni. Non toccate, sono miei!

I miei fratelli si guardano rassegnati, mamma e papà se la ridono.

– Che spettacolo, sono meravigliosa! – ripeto provandomi tutto davanti allo specchio.

Non ho problemi di autostima. E poi sono gasatissima per un'altra ragione. Quel pacco significa che sto per partire ancora: destinazione Portogallo. E ci vado da sola insieme alla squadra italiana!

L'appuntamento è a fine maggio a Povoa de Varzim. Dove ci accoglie un freddo inaspettato. Non sarei stata al caldo nemmeno chiudendomi dentro al borsone. Ci ammaliamo tutti e, pochi minuti prima della gara, vedo improvvisamente solo nero.

Per la prima volta in vita mia, svengo.

Quando riapro gli occhi, stanno tutti intorno a me, mentre il fisioterapista mi massaggia la pancia. Mi domandano subito se preferisco rinunciare alla finale dei 100 metri. Che cosa???

– È vietato dire *non ce la faccio* – rispondo con un filo di voce.

Vale oro gareggiare in quelle condizioni, infatti arrivo prima! Corro anche la staffetta 4x100. La formazione è la stessa che l'anno prima a Roma ha vinto con il record del mondo. Non miglioriamo il primato ma ci confermiamo quattro splendide ragazze d'oro. È tutta gialla anche la terza e ultima medaglia, nel salto in lungo.

La mia stagione ricca di risultati stupefacenti si conclude a luglio, agli assoluti outdoor di atletica a Padova, dove chiudo al primo posto la gara di salto in lungo e quella di lancio del giavellotto.

A casa sembrano dare molto meno peso a questi ultimi risultati. Mi fanno tanti complimenti. Però mi accorgo che i volti di tutti, inclusi quelli dei nonni e degli zii, sono tesi. Ascoltando le loro conversazioni inizio a capire, purtroppo.

Perché la sindrome di Down è anche dolore.

10
Un fiore in cielo

Din, din. Alle 5 del mattino del 16 luglio 2015 arriva un sms sul cellulare di papà. E lui non ha il coraggio di leggerlo. Sa che annuncia il triste epilogo di un incubo iniziato esattamente quattro anni prima, nel luglio 2011.

In quei giorni penso solo alle vacanze, sono già pronta a partire. Invece mi spiegano che dobbiamo restare accanto a nonna Fiorella, perché le hanno trovato una brutta malattia.

Non posso crederci. Lo dice il suo stesso nome: lei è un fiore, il mio fiore, e non può appassire, ecco. Sono cresciuta sommersa dalle sue coccole. Lei è più di una nonna: è un'amica, una complice, una maestra, è il conforto su cui posso sempre contare. Ci siamo guardate abbracciate sul divano tutte le puntate di *Don Matteo*, mi ha aiutato a leggere i libri, mi ha insegnato a giocare a carte e mi ha dato di nascosto anche qualche dolcetto.

Mia nonna è talmente buona e premurosa che ha sofferto in silenzio, senza dire a nessuno della sua malattia. Finché non è stata costretta a operarsi. Ma è forte e supera bene l'intervento. Deve fare ancora altre cure, però si sta rimettendo in forze. – E be', la mia nonnina è una roccia! – le ripeto. Infatti guarisce e la nostra vita riprendere felicemente.

Ormai sono quattro anni che supera tutti i controlli senza problemi, invece, mentre si sta avvicinando il Natale, c'è una ricaduta. Tra un allenamento e l'altro passo a trovarla. Le racconto delle mie medaglie e delle prove del musical *Loser* che stiamo preparando con Michel. Lei mi ascolta con la solita tenerezza, mi accarezza il viso e dice che non vede l'ora di venire a batterci le mani.

Per tradizione ci troviamo tutti a casa dei nonni la Vigilia, con il fratello di mamma, la moglie e i miei due cugini. L'atmosfera è sempre felice, si respira solo allegria. E nonna ci sorprende ogni volta con una cena da favola.

Ma quest'anno si sente molto debole. È così giù da rinunciare a invitare i figli e i nipoti. Mamma si offre subito di ospitare tutti a casa nostra, ma quando arriva il momento ci rendiamo conto che non è solo la tavola a essere cambiata. Non sarà il solito Natale. È come se, oltre a noi, ci fosse un ospite indesiderato: un triste presentimento. Non si vede, però sappiamo che è lì.

Chiedo spesso informazioni sulla salute della nonna. Mi spiegano che sta affrontando un brutto nemico. Molto peggio del vento che soffia contro di me.

Sembra risentirne anche la mia concentrazione in gara. Ai campionati italiani di nuoto in vasca corta a Loano, a febbraio, sono nettamente al comando durante i 50 dorso. Nulla sembra potermi togliere questa vittoria, tranne una manovra vietata che compio senza rendermene conto: durante la virata mi spingo con i piedi. E lo faccio proprio sotto lo sguardo del giudice che, ovviamente, mi squalifica. Ottengo comunque due argenti: nei 50 stile e nei 100 misti.

In primavera, mentre io conquisto altre due medaglie d'oro ai campionati nazionali indoor di Ancona, nei 200 metri e nel Triathlon (entrambi con record italiano), la mia nonnina viene operata ancora.

Da quel momento non rivedrò più la persona vitale e forte di una volta. Lei che si è presa così tante volte cura di me, adesso ha bisogno che siamo noi a occuparci di lei. E io voglio darle coraggio e fiducia. Mi faccio promettere che a novembre mi accompagnerà al Mondiale di atletica in Sudafrica. Mi assicura che ci sarà e mi chiede di dare il massimo alla prossima gara a Macerata, a fine giugno. Io sono di parola e vinco altri due ori, sempre nei 200 metri e nel Triathlon, facendo miei anche i record italiani outdoor. Solo che per raccontarglielo devo andare in ospedale, è stata nuovamente ricoverata.

Vado a trovarla ogni giorno e, a ogni visita, mi accorgo che il mio fiore ha perso un petalo. Nonna lo legge nel mio sguardo e decide di fare un ultimo, immenso gesto d'amore. Chiede a mamma di non portarmi più da lei. Sceglie addirittura di non incontrare più la sua nipote adorata pur di risparmiarmi lo strazio di vederla appassire.

Michel e Caroline vengono informati di tutto. Sono disperati: sanno che a breve la nonna verrà sedata, la addormenteranno piano piano per evitarle ulteriori sofferenze.

Quella mattina alle 5 papà si fa forza e legge il messaggio. C'è scritto che mia nonna è diventata il fiore più bello del cielo. E ora farà compagnia a Biagio, il nonno paterno che non abbiamo mai conosciuto.

Dicono che le persone come me dimostrano con maggiore intensità le proprie emozioni. Non so se sia vero, di certo ora il mio volto è trasfigurato dal dolore. Ripeto continuamente: – La mia nonnina, la mia nonnina –. E passo le ore a piangere sul letto. Stiamo soffrendo tutti, ma il più abbattuto è nonno Sandro. Ha perso la compagna di una vita: erano sposati da 57 anni.

– Dobbiamo farci una promessa, basta piangere – gli dico.

– Promesso! – risponde abbracciandomi forte. Però non riusciamo a trattenere le lacrime nemmeno per un attimo.

Poi torno in ospedale per dare un ultimo saluto al mio fiore. A lei voglio fare un'altra promessa e questa volta sono sicura di mantenerla: – Ogni vittoria che otterrò da adesso in poi sarà per te, ti dedicherò ogni momento felice della mia vita. Tu resterai sempre con me!

Ora ho un motivo in più per vincere al Mondiale. Voglio riprendermi in qualche modo tutto quello che mi è stato tolto.

Perché la sindrome di Down è anche riscatto.

11

La regina dell'atletica

Non voglio mangiare i serpenti! A casa non fanno altro che ripetermi che in Sudafrica è normale trovarseli nel piatto: lessi, fritti o al forno. Forse mi stanno solo prendendo in giro, perché sanno che ne ho il terrore. Ma un po' sono preoccupata: e se fosse vero?

– Non assaggerò mai un serpente! – avverto io.

– Vedrai, quando hai fame poi te li pappi tutti interi. Fritti sono una delizia! – sghignazza mamma.

– Allora dovrai farlo anche tu: mi accompagni.

Lei però non sarà nello stesso volo della mia squadra. Noi atleti azzurri partiremo per Johannesburg facendo scalo a Londra, mentre mamma arriverà passando per Parigi. E verrà insieme a nonno Sandro, che ha accettato il mio invito a prendere il posto di nonna Fiorella. Adesso è con lui che sto tutti i giorni: andiamo insieme a fare la spesa, a comprare il giornale e ci divertiamo a parlare di calcio. Anche se nonno tifa Torino, ecco.

La Fisdir ha scelto di farci volare di notte, così possiamo dormire e arrivare riposati. Appena salita sull'aereo, però, faccio una scoperta sensazionale. Ogni posto ha a disposizione un piccolo schermo e il passeggero può scegliere se vedere film, ascoltare musica o giocare. Troppo divertente! Rimango sveglia tutto il viaggio, incantata dal mio monitor personale. Mi guardo qualsiasi tipo di video e, quando atterriamo a Johannesburg, sono stravolta. Non sto in piedi dal sonno e gli occhi sono talmente rossi che sembro malata. E dobbiamo ancora raggiungere la città del Mondiale, Bloemfontein, 400 km più a sud.

Appena qualcuno mi chiede se sono stanca, rispondo come al solito: – No, sto benissimo! –. Continuo a non lamentarmi mai.

Di questo lato del mio carattere scherzo sempre a Biella con il nuovo allenatore: si chiama Davide Sottile, ha 23 anni ed è un atleta come me. Dice che io non ammetterei mai di sentirmi affaticata, nemmeno dopo mille giri di pista. Davide mi ammira per questo.

In Sudafrica, però, non c'è. Quando sono con la Nazionale, tutta la squadra azzurra ha lo stesso allenatore: Mauro Ficerai. E sarà proprio lui a cambiarmi completamente la vita.

Della spedizione azzurra fa parte anche Stefano, il ragazzo con cui mi ero un po' fidanzata dopo l'Europeo di Roma. È tanto che non lo vedo e poi ora c'è Roberto nella mia vita. Rivederlo, però, non mi lascia indifferente. Quando si avvicina, il battito del mio cuore accelera sempre un po'. Meglio non pensarci.

Ed è facile riuscirci. Prima di iniziare le gare, ci fanno assistere alla cerimonia inaugurale. È uno spettacolo di musiche e danze sudafricane così colorato, allegro e travolgente che mi viene voglia di ballare. Infatti ballo, anche se dovrei riposare. E mi arrabbio pure con i miei compagni, fermi immobili. Ma come si fa a resistere a questi ritmi?!

Al primo giorno mi aspettano due prove: i 100 metri e il Triathlon. Quest'ultima è una disciplina che assegnerà le medaglie dopo aver preso punti nei 100 metri (che quindi dovrò fare due volte in un giorno), nel salto in lungo e nel lancio del peso.

Come al solito non mi interessa sapere chi sono le avversarie che sto per sfidare, voglio solo pensare a me stessa e a non aver paura. Mi concentro e mi ripeto: è vietato dire *non ce la faccio*. Fisso la pista e ripasso come le mie gambe dovranno trovare la giusta velocità. Nessuno può parlarmi in questo momento. Ascolto solo una voce, quella di mia nonna. Mi sembra di sentirla mentre mi dice: «Dai Momola, fai vedere chi sei!». Momola è come chiamavo la mollica da bambina. Infine mi rivolgo all'unico portafortuna che ho, il mio cuore: «Aiutami a tirare fuori l'anima».

Mauro, l'allenatore, si avvicina e mi carica con un'unica parola: – Spacca!

Corro i 100 metri. E appena taglio il traguardo cerco il tabellone dei tempi: accanto al mio nome leggo 17"89 seguito dalla scritta "Gold Medal", medaglia d'oro.

Sono campionessa del mondo!

Vorrei esultare, raggiungere i compagni, mamma, nonno e tutti gli altri in tribuna ma vengo bloccata da una nervosissima atleta turca che ho appena sconfitto.

È arrivata terza e non l'ha presa bene. Lo intuisco dallo sguardo arrabbiato con cui mi fissa e soprattutto da quello che mi ripete furibonda: – Stupid! Stupid! –. A me le parolacce non piacciono nemmeno in inglese. E ho capito molto bene quello che mi sta dicendo, non sono mica *stupid*! Però adesso sono felice e non ho voglia di litigare, quindi l'abbraccio forte, ecco.

Prima della premiazione mi faccio consegnare una bandiera italiana, mi ci voglio avvolgere sul podio. Oltre alla medaglia, ci regalano anche un peluche a testa. Sono tutti diversi e riproducono gli animali che si possono vedere in Sudafrica. A me capita un leoncino molto tenero, proprio com'era mia nonna.

Non ho smesso un attimo di pensare a lei, mi domando se da lassù è riuscita a vedere la sua Momola. Nel dubbio, alzo il pupazzo verso il cielo, mentre le lacrime iniziano a bagnarmi il viso: – Te l'avevo promesso: questo successo è per te.

Il mio allenatore, sicuro che io stia piangendo per la gioia, decide di scattarmi una fotografia. E pensa: «La pubblicherò stasera sulla pagina Facebook della Fisdir insieme alle altre». Mauro non immagina ancora la potenza devastante che avrà quello scatto sul mio futuro. Non può prevederlo perché non sono l'unica che sta vincendo della squadra azzurra, anche i miei compagni stanno facendo vedere quanto siamo forti noi italiani.

Nel corso della stessa giornata vinco in due delle tre discipline del Triathlon (100 metri e salto in lungo), mentre nel lancio del peso chiudo quarta. Risultati sufficienti a garantirmi la seconda medaglia d'oro e il record del mondo!

Stavolta non mi insulta nessuno e sul podio sono in mezzo a due ragazze sudafricane. Una è molto tranquilla, l'altra inizia a ballare appena sente come è allegro il ritmo del nostro inno nazionale. Io lo sto cantando solennemente con una mano sul cuore, ma quando la vedo muoversi così divertita, dimentico il galateo da cerimonia e mi metto a ballare con lei. Alla fine ci abbracciamo felici tutte e tre.

Appena torno in albergo, mostro a Stefano le mie

medaglie e poi, senza il minimo imbarazzo, gli faccio una proposta: – Che ne dici se ci rifidanziamo?

– Forse non posso. Ho una ragazza a Padova.

– Ma se sta a Padova, non è qui!

– Allora ci devo pensare.

Mamma ci ascolta di sfuggita. Non sa se ridere per la nostra conversazione o piangere commossa trovandosi all'improvviso su Facebook la foto scattata da Mauro.

La mattina seguente cerco Stefano, curiosa di sapere se ha riflettuto sull'ipotesi di un nuovo fidanzamento. Invece vengo intercettata da Walter Urbinati, Ficerai e gli altri della delegazione. Devo aiutarli con alcuni compagni. Tutti gli atleti convocati in nazionale devono avere una buona autonomia, altrimenti sarebbe impossibile farci viaggiare da soli. Nonostante ciò, certi ragazzi hanno bisogno di più tempo per prepararsi, oppure si agitano prima di un evento importante. Come in questo momento: alcuni compagni sono preoccupati all'idea di viaggiare con il pullman e si rifiutano di salire. Allora propongo loro di sedersi accanto a me per raccontare qualcuna delle mie barzellette.

Quando arriviamo allo stadio di Bloemfontein, però, esisto solo io. Devo riscaldarmi e pensare alle nuove sfide che mi attendono. Vengo subito convocata nella *call room*, l'area dove permettono agli atleti di prepararsi nei minuti che precedono la competizione. Appena terminerà la prova maschile di salto in lungo, toccherà a noi ragazze. Mi siedo su una sedia e inizio a concentrarmi come al solito. Il tempo scorre ma né io né le mie rivali veniamo chiamate in pista. Ogni tanto passa Ficerai, mi spiega che c'è un ritardo e mi suggerisce di muovermi per non far raffreddare i muscoli. Invece resto immobile per quasi un'ora, con un solo pensiero fisso in testa: conquistare anche questa gara. E ci riesco con la misura di 3,08 metri: 48 cm in più della seconda classificata. È un vero dominio.

Vista la mia ottima condizione fisica, l'allenatore mi schiera anche nella staffetta 4X100 con le stesse ragazze con cui abbiamo già vinto due volte all'Europeo. Risultato: non ci lasciamo sfuggire nemmeno il titolo iridato.

Posso tornare in albergo stanca e soddisfatta con un bottino che è salito a quattro medaglie d'oro. Ne ha vinta una anche Stefano nei 1500 metri di marcia. Magari adesso ha voglia di rifidanzarsi con me.

– Ho la ragazza a Padova! – insiste invece.

– Sì, ma è a casa. Noi invece siamo qui e ci vogliamo bene.

Stiamo discutendo davanti a tutti. Allora mamma e nonno intervengono spiegandomi che bisogna avere un fidanzato solo, anche se si va in luoghi diversi. Poi mi ricordano che tutte le settimane Roberto viene da Varese a trovarmi perché ci vogliamo molto bene. Cercano di convincermi a pensare solo a lui. Ma non so se ci sono riusciti.

Il terzo giorno inizio a sentire la stanchezza. Devo affrontare un ultimo sforzo: i 200 metri. Parto bene e domino la gara fino ai 150 metri, nell'ultimo tratto però le gambe rallentano e cedono proprio sul traguardo. Dove vengo battuta in volata da un'altra atleta azzurra. Per me c'è la medaglia d'argento ma è Sara Spano ad arricchire con un altro oro il nostro bottino.

Abbiamo chiuso in testa al medagliere per nazioni con 27 medaglie: 18 ori, 7 argenti e 2 bronzi. È un risultato straordinario e in albergo lo celebriamo con una bella festa mentre a tantissimi chilometri di distanza, in Italia, qualcuno inizia ad accorgersi di noi. La mia foto scattata da Mauro sta rimbalzando su tutti i social network.

La vede anche il Presidente del Consiglio, Matteo Renzi, che ci invia i complimenti attraverso un messaggio su Facebook. Scrive: *Avete fatto onore al nostro Paese e a tutti quelli che non si arrendono mai. Siete un esempio per tutti. La più brava è stata Nicole Orlando che ha vinto 4 medaglie d'oro (anche un record del mondo) e un argento. Ma bravi sono stati tutti gli atleti che hanno partecipato perché hanno dimostrato che l'Italia è all'avanguardia in questo campo.*

Un messaggio che riempie d'orgoglio le nostre famiglie. Mentre noi atleti respiriamo contenti il loro entusiasmo, senza capire bene chi è e che cosa fa un Presidente del Consiglio. Mi diventa però subito chiaro che quello che dice lui interessa ai giornalisti. Che si incuriosiscono e si domandano: – Chi è questa Nicole?

Sono appena rientrata a Biella, quando sul cellulare di mamma arriva la telefonata di una cronista del *Corriere della Sera*: vorrebbe intervistarmi. Naturalmente accetto. Se si tratta di stare al centro dell'attenzione, non mi tiro mai indietro! Le racconto chi sono e che cosa faccio con molta naturalezza e lei scrive un bell'articolo. Lo trovo il giorno dopo sul quotidiano, dove c'è nuovamente la foto scattata da Ficerai.

Lo leggono in tanti e il telefono di mamma squilla di nuovo. Gli inviati di TG1 e TG3 vorrebbero venire subito a Biella per riprendere con le telecamere i posti dove mi alleno. Ci sto proprio prendendo gusto a essere la regina dell'atletica!

Al centro La Marmora mi hanno organizzato una festa pazzesca e preparato una torta gigante con sopra la mia foto del Mondiale, sempre la stessa in cui dedico il successo a nonna. Mi fa tanti complimenti anche Davide, il mio allenatore del Team Ability, ma poi mi rimette subito sotto a lavorare. E non vuole sentirmi ripetere: – Decido io, che sono la campionessa –. In effetti ho provato a far valere la mia nuova posizione quando iniziano i soliti battibecchi su chi, tra me e i miei compagni, deve posizionarsi a destra, al centro o a sinistra della pista. Per noi è un motivo di contrasto continuo.

C'è ancora una questione da risolvere: non so decidermi tra Stefano e Roberto. Papà dice che solo io posso sapere a chi sono più affezionata e mi invita a essere corretta con Roberto. Che inizio a sentire sempre meno, alle volte non rispondo alle sue telefonate. Mi dico che lo richiamerò ma poi dimentico di farlo. Lui ci resta un po' male ovviamente, e rinuncia a venire a Biella. Non vale la pena affrontare il viaggio da Varese se non c'è più la stessa voglia di incontrarsi.

Insomma, da che ero in dubbio tra due fidanzati, mi ritrovo un po' single.

Ma non mi sento triste, adesso iniziano a chiamarmi da tutte le parti e mi invitano spesso in Tv.

Perché la sindrome di Down è anche divertimento.

12
I miracoli dello sport

La prima volta succede in aereo. Sto tornando a Roma perché sono stata invitata a ben cinque trasmissioni: *Uno Mattina*, *I fatti vostri*, *La vita in diretta*, *Domenica In* e *Tagadà*.

Appena salgo a bordo, una hostess molto gentile mi accompagna al mio posto e, quando si accorge che tutti i passeggeri sono seduti, si avvicina nuovamente a me.

– Sei Nicole Orlando? – domanda timida.

– Sì, sono io.

– Ti ho vista in televisione. Complimenti per le medaglie!

– Grazie!

– Ti spiace se ci facciamo un selfie?

Sono stupita. È la prima volta che vengo riconosciuta da un estraneo. Tutti i miei amici, i parenti e le persone del Team Ability hanno telefonato dopo aver letto il giornale o aver guardato un'intervista alla Tv. Ma già sapevano chi fossi, mentre l'episodio in aereo rappresenta una piacevole novità, ecco.

Mi sorprende anche incontrare di persona gente famosa che finora avevo visto solo in Tv. Tra loro c'è Carolyn Smith, una ballerina inglese che fa il Presidente di giuria a *Ballando con le stelle*, su Rai 1. Siamo ospiti insieme a *La vita in diretta*: mentre io racconto dei miei quattro titoli mondiali, lei parla di un male cattivo che è entrato nel suo corpo, proprio come è successo a nonna Fiorella. Un autore del suo programma ci guarda alla Tv e si fa venire una bella idea: proporre a Milly Carlucci il mio nome come concorrente della edizione 2016 di *Ballando con le stelle*. Lei ne è entusiasta, la ritiene un'occasione preziosa per rompere un tabù: dimostrare di che cosa è capace chi affronta la vita controvento. E così telefona personalmente ai miei genitori per sentire il loro parere.

Mamma rifiuta all'istante, non vuole farmi fare la figura dell'imbranata davanti a milioni di italiani. Allora la signora Carlucci le suggerisce di fare prima un test con Carolyn, valutare le mie effettive potenzialità e poi decidere sul da farsi.

Io invece sono gasatissima all'idea di far parte di quel programma. Non ricordo se l'ho già visto ma se si tratta di danzare, non posso desiderare di meglio. Così ce la metto tutta.

Mi basta un'ora di prove in gran segreto al centro La Marmora per dimostrare che sono in grado di imparare ed eseguire le coreografie. Dopo la prima, faccio altre audizioni con lo staff di Carolyn. E mamma si sta convincendo che posso sembrare qualcosa di meglio di un sacco di patate.

– Niki, ti rendi conto che se ti scelgono dovrai stare per tre mesi a Roma, lontana da casa? – mi domanda preoccupata.

– Mamma, è la mia vita! – le rispondo con il cuore in mano.

L'ho convinta, adesso non ci resta che aspettare la decisione finale della produzione. Nel frattempo non sto con le mani in mano. Cioè, una mano potrei anche tenerla ferma, ma l'altra mi serve per firmare autografi! Ho tantissimi fan: una novità che mi commuove, mi emoziona e mi piace.

E resto a bocca aperta quando, sfogliando i giornali, trovo una mia foto. Corro subito da papà: – Guarda, sono io! – grido incredula.

Ricevo anche tantissimi applausi a Natale dopo la mia performance nel musical *Loser*, preparato con Michel e altri amici. Interpreto Becky, una ragazza con la sindrome di Down. Mi piacciono molto le parole che recito: – Perché, per te sono diversa? Che differenza c'è tra me e loro? Non posso anch'io essere stupida, primadonna o lesbica? O devo sempre e solo essere quella con la sindrome di Down? Diverso eh? Diverso vuol forse dire qualcosa di negativo? Io sono stufa! La gente si ferma sempre all'apparenza. Siamo circondati da pregiudizi e io sono stanca di nascondermi. Ho dei pregi e dei difetti anch'io, esattamente come tutti voi, e non ho paura di mostrarli. La verità è che ognuno è bello a modo suo e la bellezza non è perfezione. Un mondo di uguali è orribile. Solo chi si nasconde è un perdente!

È così che arrivo al discorso di fine anno del Presidente Mattarella. Ma proprio quel 31 dicembre, qualche ora prima di essere definita una "figura emblematica" dal Capo dello Stato, quando ancora non ci siamo accorti di avere tutti i telefonini senza campo, anche Milly Carlucci ha pensato a me. Lo ha fatto inviando un sms a mamma: ci augura buon anno e avvisa che sono ufficialmente entrata a far parte del cast di *Ballando con le stelle*. Lo scopriremo la mattina dopo, rientrando a Biella.

Prima del mio esordio nelle nuove vesti di ballerina, però, mi aspettano ancora altre sorprese, emozioni e sogni che si realizzano. Vengo intervistata da decine di giornali e mi ritrovo altre due volte davanti alle telecamere della Tv: mi arriva un invito per partecipare in Tv a *Ballarò* e al *Festival di Sanremo!*

Ricevo anche un'offerta di lavoro. Ho fatto qualche altro stage ma nessuno si è mai offerto di pagarmi, con la scusa che sono lenta. Dopo l'intervento del Presidente Mattarella mi richiama un'azienda. Il titolare mi propone fiero un impiego con tanto di stipendio: venti euro al mese. Forse non abbiamo capito bene... Venti euro al mese? Ma è una miseria!

– Così può andare a mangiare la pizza con gli amichetti – dice l'improbabile datore di lavoro. Amichetti? Ma ho 22 anni, quali amichetti?!

Non ho idea di che cosa abbia risposto mio fratello a quel presunto mecenate. Non l'ho voluto sapere perché a me non piacciono le parolacce!

Non me la sono presa, però, e poi comunque mi distrae l'omaggio che mi fa il pilota dell'aereo mentre torno da Roma dopo aver partecipato a *Ballarò*. Poco prima del decollo invita tutti a fare un grande applauso: – Abbiamo a bordo la campionessa del mondo di atletica! – annuncia al microfono. I passeggeri battono le mani e io ringrazio con un bell'inchino. Quasi ogni giorno succede qualcosa che mi sorprende, ormai.

In tutte le interviste che rilascio, per esempio, confesso

sempre di tifare per l'Inter e di avere una passione particolare per il giocatore Adem Ljajic. Finché un giornalista della *Gazzetta dello Sport*, Claudio Arrigoni, decide di farmi un regalo: organizza un incontro. A fine gennaio vengo invitata nella sede della società nerazzurra ad Appiano Gentile. Mi accompagna papà, che forse è addirittura più contento di me. Mi riceve la squadra al completo e immediatamente non capisco più niente, il mondo si è capovolto: i miei idoli stanno battendo le mani per me! Non ho parole per l'eccitazione. A un certo punto mi sembra che il cuore si sia addirittura fermato dallo shock. Succede quando lo vedo: è proprio lui, Adem Ljajic, e sta venendo verso di me per regalarmi la sua maglia. Fiuuu! Meno male che ho portato la mia della Nazionale italiana per ricambiare.

C'è anche l'allenatore, Roberto Mancini, che mi chiama a centrocampo per una foto ricordo con tutti i giocatori. Uscendo dal campo, scatto come nei 100 metri, senza trattenere un urlo di gioia: – Woooowwwwww! –. Ridono tutti, ma riesco lo stesso a sentire qualcuno prendere in giro Ljajic: – Nicole corre molto più veloce di te!

E non è ancora finita. Mancini mi regala una maglia dell'Inter con la scritta "Orlando" sulle spalle e tre biglietti per andare alla partita di Coppa Italia contro la Juve a Torino.

Adesso mi sono rimasti due sogni da realizzare:

conoscere Violetta e Valentino Rossi. Mamma si arrabbia quando parlo della prima, mentre Vale mette tutti d'accordo. Quando lui l'ha saputo, ha risposto: – L'aspetto in pista quando vuole!

Ma è un sogno anche l'abito che mi viene regalato per andare a Sanremo: è a fiori, lungo, elegantissimo, scollato. Insomma, è meraviglioso come quello delle modelle e non vedo l'ora di indossarlo. Ci sono anche le scarpe con il tacco alto!

Sono già a Roma da qualche settimana, a provare le coreografie per *Ballando con le stelle*, quando lo infilo in valigia e mi preparo a partire per Sanremo. Mi spiegano però che, essendo invitata al Festival in qualità di atleta della Fisdir, devo vestire per regolamento la tuta della Nazionale. Ma come?! E adesso, quando lo metterò questo super vestito? Michel mi consola e mi assicura che capiterà presto l'occasione giusta, intanto mi fa il solito elenco delle cose da portare. Ha sempre paura che dimentichi un pezzo. Lo prendo in giro chiamandolo "papà orso", controlla ogni cosa!

– E tu hai preso la tua carta d'identità? – domando io. Siamo già a metà strada per l'aeroporto quando dobbiamo tornare indietro: se l'è scordata.

– Sei tu che devi controllare me o il contrario? – lo provoco.

Non perdiamo occasione per stuzzicarci, proprio come facevamo da bambini. In realtà è bello averlo qui, rimarrà con me finché resterò in gara nello spettacolo. Negli ultimi tempi ci stavamo incontrando sempre meno; Misci ormai studia all'Università di Milano e lavora con papà. Ora invece si prende cura di me come una guardia del corpo, mi sento sicura e protetta, ecco.

È stato lui a fare il filmino della prima volta che ho visto la pubblicità di *Ballando con le stelle*. Stavamo guardando tranquilli sul divano un programma alla Tv quando sullo schermo è comparso il promo dello show con tutti i protagonisti. Me compresa.

– Non ci credo, non ci credo! – strillo, coprendomi gli occhi con le mani per l'emozione. Le altre volte che ero andata in Tv non mi ero mai rivista. Ecco perché il giorno dopo, quando mi trovo per strada, sono convinta che vogliano tutti intervistarmi, come dopo il discorso del Presidente. Misci mi prende in giro: – Adesso non montarti la testa!

Invece qualcosa del genere succederà sul serio subito dopo la mia partecipazione a Sanremo. Tutta colpa di una gaffe non voluta. Quando sono sul palco, il conduttore Carlo Conti mi fa parlare dei miei successi sportivi, spiega al pubblico che sarò nel cast di *Ballando con le stelle* e, infine, invita un attore molto affascinante a consegnarmi dei fiori. Quando lo vedo avvicinarsi, con estrema sincerità dichiaro davanti a milioni di telespettatori che quel tipo non piace per niente a mia mamma.

In teatro hanno riso tutti, mentre lei mi ha mandato subito un sms: "Ti strozzo!". Ma non lo ha fatto. Dopo 22 anni è la prima a sapere che le mie risposte sono sempre imprevedibili. La gente ne ride ancora adesso!

Cerco di non pensarci più, però, perché sta per iniziare il programma. Devo esibirmi in coppia con un ballerino eccezionale, Stefano Oradei. Tra noi si crea subito una sintonia meravigliosa. In poco tempo ci sentiamo più che amici, quasi fratelli. Danzare con lui mi sta trasformando, mi sento improvvisamente come una donna estremamente femminile.

Stefano apprezza la mia totale disponibilità, come mi lascio andare sempre con il sorriso, e non mi risparmia. Lavoriamo dieci ore al giorno e io, come al solito, non mi lamento mai. Con lui sento di poter andare oltre il mio limite: prima di conoscerlo mi bastava salire tre gradini per soffrire di vertigini, adesso invece riesco a sorridere mentre mi solleva sopra la testa. Sia in famiglia sia gli allenatori che seguono le prove in Tv non credono a questo cambiamento. Loro ci hanno provato per anni!

Io e Stefano lavoriamo sempre con allegria: non ci

stiamo impegnando per battere gli altri, vogliamo solo tirar fuori il meglio di noi. Per questo non abbiamo mai paura del giudizio della giuria o del pubblico. Abbiamo anche una mascotte, è un gatto di peluche che abbiamo chiamato Spacca. Me lo ha regalato Stefano che, da buon romano, prima di ogni esibizione mi ripete: – Daje, mo! –. E io rido.

Essere in Tv su Rai 1 tutti i sabato sera fa aumentare incredibilmente la mia popolarità. Sono migliaia le persone che seguono la mia pagina Facebook e i followers su Twitter e Instagram. Io do subito l'amicizia a tutti, ma qualcuno non si è comportato proprio da amico. Adesso mamma controlla bene chi mi contatta sui social.

Riceviamo tante belle lettere e leggiamo i numerosi messaggi che mi riguardano sui siti. Purtroppo non tutti sono positivi. Alcuni commenti ci feriscono. Qualcuno scrive: "Ma che vi aspettate che diventi, poi, Nicole?". Niente! Non devo diventare niente, mi sto semplicemente divertendo. Alcuni criticano anche il mio stile nella danza. È vero, non sono perfetta, ma nemmeno gli altri concorrenti lo sono. Perché io dovrei essere più ridicola di loro? So bene di essere un'atleta e non una ballerina. Nonostante tutte le ore passate in sala prove, continuo comunque ad allenarmi. Due volte a settimana vado allo stadio dei Marmi a fare atletica.

I messaggi che preferisco sono quelli di chi sottolinea che quello che faccio può sembrare eccezionale, ma in realtà non lo è. Chi scrive così ha compreso chi vorrei diventare: una persona che non stupisce più nessuno perché finalmente la gente capirà che, con l'impegno e gli aiuti necessari, anche chi ha la sindrome di Down si merita una vita degna di essere vissuta. Degnissima!

In troppi ancora pensano che può essere felice solo chi è nato sano. Gli vorrei chiedere: – Ne siete davvero sicuri? –. Chi frequenta le persone che vivono controvento dopo un po' si convince che forse è più vero il contrario. Noi "Down" non siamo giù, casomai aiutiamo chi si sente giù. Perché qualcosa di contagioso, come certe malattie, lo abbiamo: è il sorriso.

Lo ribadisce anche il Presidente della Repubblica a marzo, in occasione della Giornata Nazionale delle persone con disabilità intellettiva. Eh già, tre mesi dopo il suo discorso di fine anno, l'ho conosciuto personalmente.

Perché la sindrome di Down è anche orgoglio.

13

Felici di conoscermi

Dai, riproviamo! – mi incoraggia Giada, la fidanzata di Michel, inquadrandomi con la telecamera del telefonino. – Ciao a tutti, oggi sono Quirinale e sto andando Nicole... Uffa! Ho sbagliato ancora!

È inutile, da mezz'ora stiamo cercando di registrare un video da mettere su Facebook. Ma l'emozione di incontrare l'uomo che ha parlato di me a Capodanno mi manda in confusione, ecco. Alla fine ci arrendiamo. Anche perché è ora di muoversi. Con alcuni miei compagni di squadra sto per essere ricevuta al Quirinale.

Prima delle presentazioni ufficiali devo però superare un altro ostacolo: una lunga scalinata da salire che mi spaventa un pochetto. Arrivata in cima, mi sento subito più tranquilla. È in una grande sala, dove c'è tantissima gente, che finalmente posso stringere la mano al Presidente della Repubblica. Con i miei amici della Fisdir gli abbiamo portato un regalo, glielo consegno io: è la maglia della Fisdir con scritto "Mattarella" sulla schiena. Lui è felice di riceverla, mi ringrazia con dolcezza. Mi fanno parlare al microfono davanti a tutti e io mi sento talmente a mio agio che mi rivolgo al Presidente dandogli del tu. Visto che non posso fare un balletto come vorrei, gli ricordo che sono in gara a *Ballando con le stelle* e gli chiedo anche se può televotare per me. Quando siamo usciti mi hanno fatto notare che forse non avrei dovuto dargli tanta confidenza. Ma perché? Lui mi ha sorriso divertito tutto il tempo.

Non so se il Presidente ha votato per me, comunque nella gara di ballo arrivo in finale. E anche se poi non sono salita sul podio, un trofeo l'ho portato a casa ugualmente: è un enorme livido viola sul fianco sinistro, il risultato di una presa venuta male durante le prove della rumba!

La verità è che mi sento vincente lo stesso, perché sono stata felice fino all'ultimo momento e ho imparato a sentirmi affascinante, ecco. Quante volte, guardandomi allo specchio, ho detto: – Ma che gambe che ho! –. E che bella che sono quando posso finalmente indossare il mio meraviglioso abito lungo a fiori. Aveva ragione Michel, alla fine l'occasione giusta si è presentata: la festa con tutto il cast per la conclusione dello show!

È una favola a lieto fine, ma vorrei non terminasse mai. Le tante persone conosciute in questi mesi mi stanno invitando in tutta Italia, potrei stare un anno in vacanza se accettassi ogni proposta. Molti fan mi hanno aspettata fino a notte fonda per salutarmi all'uscita del teatro! Diverse famiglie sono venute da altre città solo per conoscermi! È buffo perché, dopo averci chiacchierato un po', mi ripetono tutti le stesse cose: – Sei meglio dal vivo che in Tv – oppure: – Sei proprio una forza della natura! –. E io sono felice perché capisco che mi vogliono bene davvero.

Adesso mi sembra di avere due cuori, ecco: il primo è a Biella con la mia famiglia, mentre il secondo è per tutti gli amici di Roma. Dove spero di tornare presto anche per un altro motivo: voglio rimangiare la pasta alla gricia!

Intanto, però, ho ripreso ad allenarmi con costanza. Davide, il mio allenatore, dice che sto facendo tempi buoni, anche se sto girando come una trottola con la mia valigia da zingarella. Un giorno vado in Sicilia, uno in Calabria, uno a Pompei, un altro a Milano e così via. Mi chiedono sempre di partecipare a eventi importanti per portare la mia testimonianza. Incontro tanti ragazzi normodotati che vogliono sapere tutto di me e mi domandano il segreto del mio successo. Ma io non ho un segreto, inseguo semplicemente i sogni. Come fanno tutti. E a volte i sogni si possono realizzare.

In certi momenti ti riempiono anche di orgoglio. A me succede quando ricevo l'invito per andare l'1 giugno, la sera prima della festa della Repubblica, ai giardini del Quirinale insieme a tutte le persone più importanti d'Italia. Me lo ha mandato il Presidente Mattarella in persona: ormai siamo proprio vecchi amici! Vista l'importanza dell'occasione, ha ceduto addirittura mamma: mi ha fatto indossare un abito elegante con la gonna. Le ho promesso che non farò la ruota.

Mi accompagna nonno Sandro, che mi spiega chi sono tutte quelle persone importanti invitate insieme a noi. Più dei ministri, degli attori, dei numerosi campioni dello sport e delle tante, tantissime autorità, mi incanta la meraviglia di quei giardini. Come quando ero bambina, avrei voglia di arrampicarmi su qualche albero. Che piante! Che fiori! E che buffet!

Sto ancora scegliendo che cosa mangiare quando davanti a me si ferma un signore con la moglie e i suoi tre figli: – Se volete vincere da grandi, chiedete a lei. Sa come si fa – dice lui ai ragazzi. Lo ringrazio e ci facciamo anche una foto insieme. Nonno mi ha poi spiegato che era il Presidente del Consiglio, Matteo Renzi.

Tornata a Biella gli amici mi prendono in giro: – Niki, hai incontrato proprio tutti, adesso ti manca solo il Papa!

Poteva mancarmi?

Papa Francesco è stato contentissimo di conoscermi!

L'ho capito dal sorriso che mi ha fatto e da come mi ha stretto la mano.

È successo la mattina del 10 giugno: sono stata ricevuta addirittura in udienza privata in occasione del Giubileo degli Ammalati e delle Persone Disabili. Con me e mamma ci sono anche altre persone, tutte insieme faremo a Castel Sant'Angelo uno spettacolo dedicato proprio a chi è malato o ha una disabilità.

Aspettiamo un'ora in Piazza San Pietro prima di poter entrare e io sono così agitata che saltello in continuazione per non piangere. Smetto non appena viene a chiamarci un parroco. È molto giovane e ha in testa il cappellino come lo portano i rapper. Si presenta come don Francesco, ma per noi tutti diventa all'istante don Jovanotti! È il segretario di Monsignor Rino Fisichella, l'arcivescovo cui il Papa ha affidato il coordinamento del Giubileo della Misericordia. Ci accompagna in una sala molto bella. Di più, *molto bellissima*! Si chiama Sala Clementina e lì ci disponiamo a semicerchio. A quel punto arriva Papa Bergoglio, che saluta e scambia qualche parola con ognuno di noi.

Quando è il nostro momento si capovolgono i ruoli. Mamma, che mi ha tranquillizzato per tutta la mattina, non riesce più a dire una parola. È ammutolita dall'emozione. Io invece ho tanta voglia di parlare. Gli regalo subito la mia foto con una dedica scritta apposta per lui: "A papa Francesco, continua così. Il tuo lavoro spacca!". Ma ho anche un'altra cosa da dargli. Un dono super speciale. È il leoncino di peluche vinto in Sudafrica, l'oggetto più caro che ho. Mi ha portato tanta felicità che l'ho soprannominato "lo scrigno delle gioie", come se contenesse un tesoro.

E lo spiego al Papa mentre glielo consegno: – Questo leoncino è speciale, porta fortuna.

– Davvero porta fortuna? – domanda sorpreso Francesco.

– Sì, molta.

– Allora grazie! – dice prendendomi la mano. Ha un sorriso che commuove. Poi mi dà anche un buffetto sulla guancia. O meglio, forse lui voleva darmi un buffetto. In realtà si rivela una vera sberla che mi fa quasi barcollare.

Mentre il Papa saluta qualcun altro, sento la voce di Bebe Vio, una straordinaria campionessa paralimpica di fioretto: – Speriamo non colpisca così forte anche me!

Al termine dell'udienza sono talmente felice che mi metto a correre per i corridoi del Vaticano. Chiedo a Monsignor Fisichella di fare una foto con me. E poi è il turno degli scatti con le guardie svizzere, sono troppo buffe.

Infine, di corsa a fare le prove dello spettacolo. Sto per riabbracciare il mio Stefano, il maestro di danza di *Ballando con le stelle*. Ci esibiremo insieme. Poi vado a Firenze, dove sarò niente meno che la Leggiadra Madonna della semifinale del Calcio Storico Fiorentino. Erano 70 anni che non sceglievano una donna!

Adesso, però, tiro un po' il freno e riprendo la mia vita normale. Sono tornata nel letto sotto a quello di Caroline. Il mio cane Pongo mi fa sempre le feste e gli allenatori mi hanno richiamata all'ordine.

Ormai devo concentrarmi sui campionati italiani di Ancona e soprattutto sui Trisome Games di luglio, la prima Olimpiade per chi vive controvento.

Perché la sindrome di Down è una sfida continua.

14

Una festa olimpica

Io corro con il pensiero... – dico indicandomi la testa. – Corro con il cuore... – e metto una mano sul petto. – E corro con le gambe – concludo facendo un piccolo passo in avanti. Rispondo così, senza la minima esitazione, quando mi viene chiesto che cosa penso del doping. Sono nuovamente a Roma, stavolta invitata dall'Ordine dei magistrati alla "Notte bianca della legalità".

Sento parlare spesso di questo argomento e ho capito che il doping è un imbroglio per diventare più forti. Invece, tutti noi del Team Ability e della Nazionale siamo bravissimi perché ci alleniamo tanto. E basta! A noi non piace essere scorretti, ecco.

Ogni tanto faccio un uso eccessivo di "passione", ma non è una sostanza vietata!

– Vai piano, Niki! Non esagerare – si raccomanda,

infatti, la mamma ai campionati italiani di atletica ad Ancona. È l'ultimo weekend di giugno e fa davvero molto caldo. Qualcuno credeva che la partecipazione ai programmi in Tv e a tutti gli impegni di questi ultimi mesi mi avrebbero indebolita e che non sarei più riuscita a essere competitiva. Invece ho già conquistato la medaglia d'oro nel Triathlon e ora mi aspettano i 200 metri.

Li ho provati poco e non sono mai riuscita a finirli, in allenamento. Di solito parto a razzo, correndo veloce come quando faccio i 100 metri, ma a metà strada crollo! Non ho più fiato né energie per proseguire.

– Hai già vinto una gara, sei stata brava. Vai tranquilla – insiste la mamma preoccupata.

– Va bene – le rispondo poco convinta. Insomma, come si fa a chiedere di andare "piano" in una gara di "corsa"?

Appena danno il via, scatto velocissima come sempre. Arrivata a metà percorso, mi sorprendo nel vedere che le gambe si stanno ancora muovendo, mentre io inizio a non avere più fiato. Caspita, riesco a vedere il traguardo... lo taglio addirittura per prima e... crollo a terra! Sono finita al tappeto, come un pugile messo k.o. Le ultime energie rimaste mi servono solo per piangere. Ho i crampi alle gambe, che dolore!! Si avvicina mamma. Penso immediatamente: «Adesso mi sgriderà perché ho esagerato invece di andare piano come diceva lei». La vedo scuotere la testa, però mi sorride. Dopo essersi accertata che sto meglio, mi sussurra: – Hai fatto il record europeo! –. Che poi era già mio, ma l'ho migliorato di un po': da 39"15 a 38"41.

Adesso posso tornare a casa e concentrarmi solo sui Trisome Games: la nostra Olimpiade! Tutti gli altri atleti che hanno una forma di disabilità andranno alla Paralimpiade di Rio de Janeiro, in Brasile, che inizierà dopo i Giochi per i normodotati. Noi con la sindrome di Down non possiamo partecipare. Chissà perché? E allora ce ne siamo organizzata una tutta nostra. È la prima volta che accade!

La Su-Ds (Sport Union for Athletes with Down Syndrome), l'ente che gestisce a livello mondiale gli atleti che vivono controvento, ha assegnato la pianificazione dei Trisome Games al Comitato paralimpico italiano e, in particolare alla Fisdir. Ed è stata scelta Firenze come città per ospitarci tutti.

Sarà eccitante incontrare sportivi di altre discipline. Di solito partecipo a gare dove c'è solo l'atletica. Ma questo non è un campionato europeo o un Mondiale. Questa è l'Olimpiade! Sono previste anche gare di nuoto, nuoto sincronizzato, futsal (calcio a 5), judo, tennis, tennis tavolo, ginnastica artistica e ritmica.

Una persona importante della città ha definito i nostri

Giochi "una splendida follia". Altri hanno detto di essere "felicemente preoccupati" ma convinti di poter mostrare "una nuova concezione della disabilità".

È intervenuta anche Matilde Renzi, la sorella del Presidente del consiglio. Perché lei è la mamma adottiva di una bimba con la nostra sindrome e, prima dell'inizio delle gare, ha spiegato che «sarà come guardare le persone indossare degli occhiali per vedere e percepire la disabilità in modo diverso».

Ha avuto ragione! Chi ci ha osservati in questi giorni di luglio ha visto soprattutto le nostre abilità, dimenticandosi finalmente il suffisso "dis".

Noi atleti abbiamo portato a Firenze un'allegria che ha contagiato chiunque ha incrociato il nostro cammino, dai cittadini ai turisti che d'estate invadono le sue strade ricche di arte. Stavolta, però, hanno ammirato un altro tipo di opera, e non la dimenticheranno mai: perché quello a cui abbiamo dato vita durante la cerimonia di apertura è stato un vero capolavoro.

In oltre mille persone tra atleti, tecnici e dirigenti, provenienti da 36 paesi, abbiamo sfilato il sabato pomeriggio partendo dal Duomo fino alla Piazza della Signoria, invadendo il centro storico.

– Chi siamo noi? – grida un membro della nostra delegazione.

– L'Italiaaa! – rispondiamo noi in coro con tutta la voce che abbiamo.

– Chi siamo noi?

– L'Italiaaaaaa!

E così via per tutto il tempo. Come fanno nelle vere olimpiadi, il paese che ospita la manifestazione sfila per ultimo, però ne abbiamo fatto di rumore! Anche perché siamo i più numerosi: 134 persone! Maria Bresciani, la nostra nuotatrice più forte, è la portabandiera. Mentre ognuno di noi ha in mano un palloncino a forma di bastone dei colori verde, bianco o rosso. Con quello bacchettiamo allegramente allenatori e genitori, non appena li individuiamo per strada, e poi ridiamo come matti. Tutta la gente che ci vede passare batte affettuosamente le mani e si unisce spontaneamente al coro quando cantiamo l'inno nazionale. È emozionante e commovente allo stesso tempo, ecco. Un'accoglienza che nessuno si sarebbe aspettato. Naturalmente, a fine giornata, siamo completamente senza voce!

Riesco comunque a chiacchierare, la sera, nella camera che condivido con le mie due compagne, Giulia Pertile e Silvia Preti. Siamo unite da un rapporto bellissimo. Ci divertiamo molto insieme e scoppiamo a ridere in continuazione. L'argomento preferito… Eh be', sono i ragazzi:

i nostri compagni di squadra! Però non posso svelare le nostre confidenze, ecco.

Parliamo anche delle gare, ovviamente, perché ora bisogna far vedere... chi siamo noi? L'Italiaaa!

La domenica, primo giorno di competizioni, mi aspettano il Triathlon e i 100 metri. Mi dirigo allo stadio Ridolfi convinta di una cosa sola: voglio dare il massimo. E, in effetti, l'inizio non è male: un oro e un bronzo.

Nel Triathlon stravinco, realizzando addirittura quattro primati: due mondiali, uno europeo e uno italiano! Faccio prima il nuovo record mondiale nel salto in lungo (che poi era sempre mio) spostando la misura a 3,29, poi quello europeo nei 100 metri correndo in 17,08, infine quello italiano nel lancio del peso arrivando a 5,79 metri. Tutti questi risultati mi danno complessivamente 2179 punti, nuovo primato mondiale rispetto ai 1895 del precedente, che avevo firmato proprio io.

Nella finale dei 100 metri, invece, trovo due avversarie fortissime. Sono entrambe messicane. Più che "Messico e nuvole", dovrei cantare "Messico e fulmini". Sono imprendibili, due lampi. Arrivo alle loro spalle, terza.

Il giorno successivo va ancora meglio, per due motivi. Il primo è che sono venuti a tifare per me tanti amici cari. Tra loro c'è anche Stefano Oradei. Mi ha fatto una sorpresa arrivando insieme a Veera, la sua fidanzata. È bellissima e bravissima, anche lei è maestra a *Ballando con le stelle*. Il secondo motivo è che ho vinto altre due medaglie d'oro!

La prima nel salto in lungo, dove ho provato in tutti i modi a migliorare il record del mondo. Risultato raggiunto invece nella staffetta 4x100, dove è arrivato il secondo oro. Siamo sempre le fantastiche 4 Bonfanti-Orlando-Pertile-Spano ed è impossibile batterci. Il nostro primato durava dagli Europei di Roma del 2013, ma a Firenze siamo riuscite a correre in 1'17"39. Che orgoglio!

E che fatica trattenere le lacrime sul podio. Ma perché devo trattenerle? Infatti mi lascio andare e, come al solito, guardo verso il cielo e dedico ogni successo a nonna Fiorella che ormai da un anno esatto mi segue e mi spinge da lassù.

Chissà se si è divertita anche lei a sentire i miei compagni cantare l'inno nazionale dalla tribuna, mentre io sul podio sono avvolta in una bandiera con la scritta "spacca baby", preparata da mia sorella. È stata sempre Caroline a colorarmi le unghie con lo smalto tricolore. Sono molto fiera del mio spirito patriottico.

«Chi siamo noi? L'Italia!». Me lo ripeto da sola, per incitarmi!

Uno dei momenti più belli di questi Trisome Games è il pranzo. Ci ritroviamo nel nostro villaggio olimpico. È stato allestito in una sala molto grande e spaziosa dove ci troviamo tutti quanti. Faccio la fila per prendere da mangiare accanto agli atleti degli altri Paesi. Qui c'è gente che viene da ogni continente, sempre allegra e felice delle proprie prestazioni, anche se non si sale sul podio. È il vero spirito olimpico: noi sappiamo che l'importante è partecipare.

Quando rientriamo in camera ci divertiamo a fare la conta dei burattini che abbiamo raccolto. Ogni atleta che sale sul podio, infatti, riceve un piccolo Pinocchio di legno oltre alla medaglia. È stato scelto questo personaggio perché considerato ambasciatore a livello mondiale contro le discriminazioni fisiche e mentali. Ne abbiamo raccolti un po', visto che tutta la squadra azzurra sta vincendo tantissimo.

Dopo un giorno di pausa, in cui ci hanno portati a vedere il Museo degli Uffizi e i Giardini di Boboli, ho capito che a Firenze si sta proprio bene, ecco. Tutto quello che vedo e faccio è splendido. Mi sto divertendo un mondo e non solo perché sono nel mio mondo. Sto facendo delle belle gare, sto ottenendo dei buoni risultati, sto dando il mio massimo, mi sto emozionando, mi sto commuovendo. Sta andando tutto meravigliosamente bene.

Non mi lamento nemmeno dopo aver avuto un collasso dopo la batteria dei 200 metri. Anche perché mi sono comunque qualificata per le finali. Il mio allenatore mi ha scelta per fare pure la staffetta della 4x400. Se svengo dopo 200, come farò a fare i 400 metri? Eppure sono tutti sicuri che non avrò problemi.

Come volano le mie gambe, quasi non le riconosco! Nei 200 conquisto l'argento e miglioro nuovamente il mio record europeo (37"67), alle spalle di una delle atlete "Messico e fulmini". Sono felice perché ho tagliato il traguardo senza crollare, stavolta. D'altra parte come corro io? Con la testa, con le gambe e... con il cuore! È da lì che è arrivata un'energia che ha sorpreso me per prima. E ci vuole tanto cuore anche per aiutare le mie compagne a vincere un altro argento, chiudendo la 4X400 al secondo posto alle spalle del Sudafrica.

Il mio bottino di medaglie a Firenze è ricco: tre d'oro, due d'argento, una di bronzo e sei Pinocchietti! Ma è ancora più sostanzioso quello totale della squadra azzurra, prima nel medagliere generale a quota 111 medaglie (47 d'oro, 34 d'argento e 30 di bronzo!)

Chi siamo noi? L'Italiaaa!

Ci aspetta ancora un ultimo impegno: un appuntamento che spacca! La grande festa alla Fortezza da Basso, una vera festa olimpica! Tutti i partecipanti ai Trisome Games sono invitati, ed è un'occasione da non perdere per gustare i piatti tipici della Toscana. Mamma mia che bontà, da leccarsi i baffi!

15

La marcia in più

Io sono unica, esattamente come è unico ognuno dei sei miliardi di abitanti al mondo. E ciascuno di noi, che sia nato "normale", che abbia la sindrome di Down o un'altra forma di disabilità, ha le sue doti, le sue qualità. Il suo talento.

Io ho un cromosoma in più e sono sicura che rappresenti la mia marcia in più. Grazie a questo intruso, impossibile da vedere a occhio nudo, non ho mai smesso di cercare con fiducia "il poi".

Ora ho la certezza di poter trovare un lavoro e riuscire anche a farlo bene. Recitare nel musical è stato emozionante, sarebbe bello diventare un'attrice, ma sento che potrei trovarmi bene anche nel ruolo di segretaria. I successi sportivi e la popolarità sono stati il mio curriculum, ho ricevuto proposte di lavoro decisamente più serie di quella da 20 euro al mese.

Ho conosciuto tante altre persone rallentate dal vento ma che, esattamente come me, non si sono mai fermate. Alcune di loro oggi hanno un'occupazione a cui si dedicano con grande impegno, nonostante lo sforzo e i sacrifici per rispettare i tempi, per essere precisi e per mantenere a lungo la concentrazione. Eppure non si lamentano mai. La loro dedizione è tale che sono diventate addirittura un modello e uno stimolo per gli altri colleghi di lavoro.

È proprio quello che ho voluto dimostrare anche io entrando a passo di danza nelle case della gente. Non ho mai nascosto di avere la sindrome di Down, non ho mai fatto finta di essere un'altra, sono stata semplicemente me stessa, punto! Ho sempre chiesto di essere trattata come tutti gli altri perché non avevo bisogno di essere compatita, ma capita.

Volevo che fosse chiaro che la sindrome di Down non è quella disgrazia che tutti credono. Solo l'ignoranza è una disgrazia. Invece è necessario ribaltare le prospettive e mettere da parte i luoghi comuni: per noi la vita è possibile! E non ne vogliamo una straordinaria, ci basta far vedere quanto sia meravigliosa la nostra normalità.

Per fortuna lo hanno capito in molti. Sono state apprezzate la dignità, l'autoironia e la vitalità che ho voluto dimostrare.

Sempre più spesso incontro persone che hanno scelto di

condividere il mio motto: è vietato dire *non ce la faccio!* Mentre alla Fisdir sono aumentate le telefonate di genitori che vogliono far praticare sport ai propri figli. Ma c'è anche chi ha scelto di dedicarsi alla musica o ad altre forme di arte. Ho recentemente conosciuto uno studente che si è perfino iscritto all'Università.

Io sono diventata campionessa del mondo, ma rimango sempre la solita Nicole. Più di una medaglia, mi rende felice stare con gli amici o uscire a prendere un gelato con la famiglia al completo. Adoro vivere a Biella ed è qui che vorrei incontrare il ragazzo dei miei sogni: deve essere divertente, simpatico e generoso. Ma anche bello, perché mi piacciono i muscoli. Più che un principe azzurro, lo sogno nerazzurro, interista come me!

E soprattutto ho l'assoluta intenzione di continuare ogni giorno a essere fiera di me. Io sono super felice di quello che sono diventata.

Perché è vero che sono diversa ma non vorrei mai essere diversa da così, ecco.

Ringraziamenti

È il momento di consegnare le nostre medaglie alle persone che hanno contribuito a realizzare questo libro. Meritano tutte il gradino più alto del podio per la disponibilità, la delicatezza e l'amore con cui sono entrate in queste pagine.

I ringraziamenti di Nicole…

Volevo dire grazie di tutto… Forse è meglio dire grazie mille, ecco. Ovviamente a mamma e papà, che sono meravigliosi e stupendi. A Michel e Caroline, i miei simpaticissimi fratelli. A nonno Sandro, che mi diverte e mi regala tante risate. A nonna Giovanna per le sue dolci coccole. Alla fantastica Anna Miglietta, sei un vero dono. Alle maestre Maria Forzano e Vanna Trinchero, che hanno fatto così tante cose per me. Al mio allenatore di nuoto Bruno Piccolo, che mi ha insegnato a vincere e la respirazione. Al mio prof di sostegno Federico Fumero per tutte le sgridate, sono state

utili... abbastanza: non sbagliavo apposta. A Elisa Feltrin, bravissima a farmi ballare. Allo straordinario Walter Urbinati, il mio angelo custode. All'allenatore della Nazionale Mauro Ficerai, per i consigli prima delle gare e per dirmi anche quali fare. Al mio allenatore di atletica Davide Sottile per gli esercizi, per essere così speciale e per essere anche così bello! A Milly Carlucci e Carolyn Smith per aver creduto nelle mie abilità. A Stefano Oradei per essere stato così dolce e per quella lettera che ricorderò per tutta la vita. A Claudio Arrigoni per avermi fatto incontrare così tanta gente.
Infine grazie a te Alessia, per essere stata così brava. Sono felice di averti conosciuta. Continua così e saluta tuo figlio.

...e quelli di Alessia

Un grazie immenso ad Alice Fornasetti: mi hai regalato un'avventura meravigliosa, intensa e indimenticabile. Che piacere aver ritrovato Antonella Lavorato, il lavoro diventa più bello. È stato prezioso ed emozionante ascoltare i consigli e le esperienze raccontate con passione dalla dottoressa Daniela Alessi e dal dottor Umberto Formica. Poi vorrei dire una cosa a due bambine, Emma e Margherita: non vi conoscete ma siete entrambe molto fortunate ad avere genitori straordinari come Martina Fuga e Paolo Avanti.

Infine grazie a te, Nicole, per essere così semplicemente favolosa.

Indice